Anja Meyer

Heimwerker Königin

Krönen Sie Ihr Zuhause

Inhalt

4 Vorwort

6 Heimwerken

8 Frauen und Heimwerken
Selbst ist die Frau – was sonst …

12 Umgang mit Werkzeug
So arbeiten Sie sicher

20 Renovieren

22 Tapezieren
22 Schöne Kleider für Ihre Wände
26 Hier haben Sie die Wahl
30 Werkzeuge und Materialien
34 Richtig tapezieren
44 Kreative Idee: Möbel

46 Streichen
46 Die Welt der Farben
50 Die Qualität macht's
54 Werkzeuge und Materialien
58 So streichen Sie richtig
64 Kreative Idee: Schablonen

66 Fliesen legen
66 Fantastische Fliesen
70 Willkommen im Fliesenparadies
74 Werkzeuge und Materialien
78 Küchenspiegel verfliesen
84 Kreative Idee: Mosaik

88 Laminat verlegen
88 Fast echte Holzböden
92 Und es hat Klick gemacht
96 Werkzeuge und Materialien
100 Laminat verlegen leicht gemacht
106 Kreative Idee: Wände

108 Teppich verlegen
108 Flauschige Böden
112 Teppichböden für jeden Geschmack
116 Werkzeuge und Materialien
120 Teppich verlegen

126 Reparieren

128 Türschloss wechseln
Türe, öffne dich

130 Zimmertüren reparieren
Endlich wieder Ruhe

134 **Abfluss reinigen**
Abfluss frei und Wasser marsch

136 **Wasserhahn reparieren**
Es tropft ...

140 **Fliese austauschen**
Schneller Wechsel

142 **Silikonfugen erneuern**
Frische Fuge ohne Schimmel

144 **Bohrlöcher schließen**
Keine Löcher mehr

146 **Laminat ausbessern**
So verschwinden die Kratzer

148 **Heizkörper entlüften**
Die Luft muss raus

150 **Scharniere befestigen**
Möbelreparatur leicht gemacht

152 **Selbermachen**

154 **Bilder aufhängen**
Ein Bilderrahmen kommt selten allein

156 **Deckenleuchte anschließen**
Hier geht ein Licht an

160 **Gardinenstange montieren**
Vorhang auf und zu

164 **Türgriff einbauen**
Alles im Griff

166 **Türen abdichten**
Damit wird es dicht

170 **Holz schützen**
Lackieren und Lasieren

174 **Spüle einbauen**
Perfekte Küche

180 **Arbeitsplatten umleimen**
Schöne Kanten für Platten

182 **Fliesen lackieren**
Frische Fliesen

186 **DIY Academy**
Hier wird Ihnen geholfen

188 **Stichwortverzeichnis**

192 **Impressum**

Liebe Leserin,

Sie glauben nicht, wie oft wir von unseren Freundinnen schon Sätze gehört haben wie: «Mit Heimwerken habe ich echt nichts am Hut», «Ach, ums Tapezieren soll sich mein Mann kümmern», «Bohrmaschine? Ich habe noch nicht mal einen Hammer im Haus».

Als leidenschaftliche Heimwerkerinnen mussten wir etwas dagegen unternehmen. Unsere Mission war schnell klar: Wir wollen anderen Frauen zeigen, wie sie selbst renovieren und reparieren. Der Plan ging bei unseren Freundinnen auf, denn sie bohren, tapezieren und streichen heute mit viel Leidenschaft und Freude.

Auch Sie stehen mit Bohrmaschine und Stichsäge nicht alleine da. Wir begleiten Sie auf Ihrem Weg zur Heimwerker-Königin mit vielen Tipps und Erfahrungen aus unserer Praxis. Sie werden überrascht sein, welche Glücksgefühle das erste gebohrte Loch und die selbst angeschraubte Gardinenstange bei Ihnen auslösen werden. Ganz zu schweigen von der frisch renovierten Wohnung, die Sie bald voller Stolz Ihrer Familie und Ihren Freunden präsentieren können.

Also, packen Sie es an und krönen Sie Ihr Zuhause!

Ihre

Maribel Goncalves und Anja Meyer

DIY
ACADEMY
BOSCH

Heimwerken
Übernehmen Sie das Zepter

Schatz, könntest du mal bitte –
Falls Ihnen dieser Satz bekannt vorkommt, vergessen Sie ihn ganz schnell. Ab sofort übernehmen Sie das Heimwerker-Zepter und müssen nicht mehr auf Ihren Liebsten warten.

Selbst ist die Frau – was sonst ...

Wer glaubt, Heimwerken sei nichts für die Damenwelt, irrt sich gewaltig. Viele Frauen reden nicht lange, sondern nehmen die Renovierung in die eigenen Hände. Also, keine Scheu vor großem Gerät und etwas Schmutz – legen Sie einfach los.

Papa tapeziert die Wohnung und repariert den Wasserhahn, Mutti kocht und kümmert sich um die Wäsche – klar, diese traditionelle Rollenverteilung kennen wir alle.
Doch es gibt eine ganze Reihe von Frauen, die neben dem Kochlöffel auch den Hammer und die Bohrmaschine schwingen. Sie haben ihre Leidenschaft für das Selbermachen entdeckt und setzen ihre kreativen Ideen eigenständig um. Das können Sie auch: Verwandeln Sie Ihre Wohnung in ein Zuhause, in dem Sie sich rundherum wohlfühlen.

GELIEBTES ZUHAUSE

Eines ist klar: Jeder von uns wohnt. Und Wohnen macht Spaß. Besonders, wenn man sich in den eigenen vier Wänden einen schönen Rückzugsort vom Arbeitsalltag und eine gemütliche Oase zum Entspannen schafft. Das gelingt schon mit einfachen Gestaltungsmitteln und bei schmalem Geldbeutel. Moderne Dekorationsgeschäfte und Einrichtungshäuser bieten zu jeder Jahreszeit die schönsten Objekte an – stilvolle Bilder, zierliche Vasen, feine Stoffe und farbenfrohe Geschirr-Sets –, die einen regelmäßig in Versuchung bringen. Auf diese Weise lassen sich Räume schnell und unkompliziert

MISS DO-IT-YOURSELF RÄT:

Seien Sie mutig und fangen Sie an – jetzt!

Traditionelle Rollenmuster haben mich noch nie sonderlich beeindruckt. Stattdessen war es mir immer wichtig, selbständig zu sein. Das gilt auch beim Heimwerken. Natürlich kann ich anfängliche Bedenken gut verstehen: Der erste Schritt ist immer der schwerste. Aber glauben Sie mir, danach wird alles viel einfacher. Fangen Sie an, und entdecken Sie mit mir ein Hobby, das jede Menge Spaß bringt.

Aufgepasst: Ab heute haben Sie ein neues Hobby – Heimwerken

umgestalten. Ein Erfolgserlebnis ist damit garantiert. Falls nach dem Kauf der zehnten Teelichter-Serie und dem wiederholten Austausch von Sofakissen und Plaids Ihr Drang nach Verschönerung jedoch nicht gestillt ist, wird es Zeit, endlich zu anderen Mitteln zu greifen. Schließlich sind ein paar hübsche Kissen und Bilder oder dekorative Vorhänge längst nicht alles. Spätestens, wenn die Kunstwerke und Stoffe an die Wand gebracht werden sollen, hat die Bohrmaschine ihren Auftritt. Und manchmal bewirkt schon ein Topf Farbe wahre Wunder – selbst wenn Sie nur eine Wand farbig streichen.

INSPIRATIONEN SAMMELN

Ihr Entschluss steht fest: Sie wollen endlich Ihre Wohnung renovieren. Prima, der erste Schritt ist getan. Jetzt geht es darum, wie das Wohn- und Schlafzimmer oder die Küche später aussehen sollen.

Tapete, Farbe, Fliesen? Bevor Sie eine vorschnelle Entscheidung treffen, sammeln Sie erst einmal Ideen. Diese finden Sie überall: im Möbelhaus, im Lieblingscafé, in Wohnungen von Freunden und Bekannten, aber auch in Fernsehserien sowie in Wohn- und Heimwerkersendungen. Zeitschriften und Magazine, die sich dem Einrichten und Dekorieren widmen, liefern unzählige Anregungen zum Nachmachen. Lassen Sie sich davon inspirieren und überlegen Sie genau, welcher Stil, welche Farbe und

welches Material Ihnen ganz besonders gut gefällt und zu Ihnen und Ihrer Familie passt.

UND LOS GEHT'S

Sie sind motiviert und wissen nun, wie Sie Ihre Wohnung umgestalten wollen. Dann steuern Sie jetzt den nächsten Baumarkt an. Hier können Sie nach Herzenslust stöbern und Materialien genauer begutachten. Aber: Halten Sie sich dieses Mal nicht nur bei den Deko- und Gartenartikeln auf. Unternehmen Sie zum Beispiel eine Exkursion in die Werkzeug- und Fliesenabteilung. Dort gibt es ebenfalls schöne Produkte, und Sie können gleich die hier im Buch gezeigten Werkzeuge und Geräte ausfindig machen. Nehmen Sie sich ruhig zwei Stunden Zeit, um die Baumarktwelt und ihr vielfältiges Angebot kennenzulernen.

Heimwerkerkurse: Ausprobieren erwünscht

Theorie ist die eine Sache, Praxis die andere. Wer vor dem Start der eigenen Renovierung das Tapezieren, Fliesenlegen und Streichen ausprobieren will, besucht einen Heimwerkerkurs.
Solche praxisorientierten Seminare bietet die DIY Academy an. Hier haben Sie die Gelegenheit, Werkzeuge wie Schlagbohrmaschine und Stichsäge zu testen sowie verschiedene Materialien unter die Lupe zu nehmen. Bei allen Arbeiten schauen Ihnen handwerklich ausgebildete Trainerinnen und Trainer über die Schulter und verraten Ihnen viele Profi-Tipps. Damit sind Sie bestens für Ihr erstes Verschönerungsprojekt gewappnet, das garantiert ein voller Erfolg wird. Informationen zu den Kursen der DIY Academy finden Sie im Internet unter: **www.diy-academy.eu**

SIE SCHAFFEN DAS

Wenn Sie Ihren Freundinnen demnächst nicht nur vom erfolgreichen Besuch im Schuhladen erzählen, sondern auch von Ihrem Einkauf im Baumarkt, sind Sie Ihrem Ziel schon ein bedeutendes Stück näher gekommen. Denken Sie aber daran: Heimwerker-Königin wird man nicht über Nacht. Seien Sie deshalb geduldig mit sich selbst. Es ist schließlich noch keine Meisterin vom Himmel gefallen. Die Devise lautet ganz einfach: üben, üben, üben. Sie werden sehen, dass sich erste kleine Erfolge beim Heimwerken schnell einstellen. Falls Sie sich am Anfang noch etwas Unterstützung wünschen, laden Sie einfach Ihre beste Freundin ein. Zu zweit erledigt sich die Arbeit leichter und macht vor allem viel mehr Spaß. Ja genau, Heimwerken bereitet Freude – erst recht, wenn Sie am Ende die Ergebnisse betrachten. Das haben Sie selbst geschafft! Sie können wirklich stolz auf sich sein!

So arbeiten Sie sicher

Beim Heimwerken gibt es durchaus einige Hürden. Diese nehmen Sie ganz leicht, wenn Sie beim Arbeiten mit Werkzeugen folgende Tipps beachten.

Heimwerken ist im Grunde wie Kochen: Sie benötigen einen Plan bzw. ein Rezept, die Zutaten und Werkzeuge, Zeit und etwas Geduld. So schön und befriedigend beide Hobbys sein mögen, sie bergen auch die eine oder andere Gefahr.
Beim Kochen hantieren Sie mit scharfen Messern, siedendem Wasser und heißem Fett; beim Heimwerken sind es Cuttermesser, Stichsäge und Leiter, mit denen Sie vorsichtig umgehen sollten.

SICHER IST SICHER

Sicherheit bedeutet in erster Linie Aufmerksamkeit. Und aufmerksam ist man nur, wenn man den Kopf frei hat und sich voll und ganz auf das bevorstehende Projekt konzentrieren kann. Auch der Faktor Zeit spielt eine enorme Rolle. Gerade bei Arbeiten, die Sie vorher noch nie gemacht haben, lässt sich nur schwer abschätzen, wie lange Sie dafür brauchen werden. Erfahrungsgemäß dauert es immer etwas länger.
Heimwerken ist körperliche Arbeit. Dafür sollten Sie die passende Kleidung wählen – also keine engen Röhrenjeans, Flatterkleidchen und Ballerinas. Schließlich nehmen Sie nicht am Schönheitswettbewerb teil, sondern gönnen Ihrem Zuhause

oder Fliesenfarben sowie Holzlasuren arbeiten, schonen Handschuhe Ihre Finger und frisch lackierten Nägel. Beim Renovieren geht es oft hoch hinaus. Falls Sie jetzt an einen Stuhl oder einen Hocker denken, vergessen Sie das ganz schnell wieder. Ohne eine intakte, stabile und kippsichere Leiter brauchen Sie gar nicht erst anfangen. Also, schnell in den Baumarkt fahren oder beim Nachbarn klingeln. **Wichtig:** Gehen Sie bitte kein Risiko ein! Ihre Gesundheit ist immer wichtiger als ein schnell abgeschlossenes Heimwerkerprojekt.

RAN AN DIE WERKZEUGE

Ein wenig Respekt vor Werkzeugen zu haben, ist normal und sicher nicht verkehrt. Ängstlich müssen Sie aber wirklich nicht sein. Lesen Sie zuerst immer die Gebrauchsanweisung von Elektro-Geräten durch und beachten Sie unbedingt die Sicherheitshinweise der Hersteller. Das ist schon einmal die halbe Miete. Bevor Sie die Werkzeuge benutzen, sollten Sie prüfen, ob alle Teile vorhanden und die Elektrokabel unbeschädigt sind. Eine Grundregel für jede Heimwerkerin und jeden Heimwerker: Wechseln Sie

eine Verschönerungskur. Ziehen Sie deshalb eine bequeme Hose, ein lockeres, aber nicht zu weites Oberteil und feste, geschlossene Schuhe an und binden Sie lange Haare zum Zopf. Auch Uhren und Schmuck brauchen Sie beim Renovieren und Reparieren nicht. Besorgen Sie sich stattdessen hübsche und nützliche Accessoires wie Schutzbrille, Handschuhe, Ohrstöpsel und Mundschutz. Die Brille ist beim Bohren über Kopf, beim Schleifen und Sägen sinnvoll. Eine Mund- und Nasenmaske schützt die Atemwege vor feinem Schleifstaub, der leicht zu Reizhusten führen kann. Wenn Sie mit Wand-

MISS DO-IT-YOURSELF RÄT:

Spüren Sie Strom- und Wasserleitungen auf

Schon oft wurde ich gefragt: «Was kann ich machen, um keine Stromkabel oder Rohre anzubohren?». Viele befürchten ja, dass gerade ihnen das passiert. Wer wirklich auf Nummer sicher gehen will, besorgt sich am besten ein digitales Ortungsgerät. Es erkennt, an welchen Stellen sich in der Wand eisenhaltige und nicht-eisenhaltige Metalle, stromführende Leitungen und Holzkonstruktionen befinden.

MISS DO-IT-YOURSELF RÄT:

Bohren Sie Löcher, ohne Staub aufzuwirbeln

Beim Bohren entsteht natürlich Staub, der in feinen Körnern zu Boden rieselt. Klar kann man ihn hinterher immer noch wegsaugen. Ich mache das schon während des Bohrens. Das klappt aber nur an Wänden gut und wenn man Übung im Umgang mit der Bohrmaschine hat. Holen Sie sich also besser eine Helferin dazu, die den Staubsaugerschlauch hält. So können Sie die Maschine ganz sicher mit beiden Händen führen. Will ich Löcher in die Decke bohren, wende ich einen anderen Trick an. Schließlich kann ich den Sauger schlecht mit auf die Leiter nehmen. In den Boden eines alten Joghurt-Bechers bohre ich ein Loch und lasse ihn auf dem Bohrer stecken. Wenn ich dann in die Decke bohre, fällt der Staub in den Becher und nicht in meine Augen.

Am einfachsten ist es, den Bohrstaub direkt aufzusaugen.

Ein Joghurt-Becher lässt sich auch als Staubfänger nutzen.

Bohrer und Stichsägeblätter niemals, bevor der Stecker aus der Dose gezogen ist. Machen Sie sich am Anfang mit den Elektro-Werkzeugen vertraut, indem Sie ein altes Holzbrett probeweise zusägen und schleifen oder mit einem kleinen Bohrer ein Mini-Loch in die Wand bohren.

TIEFE LÖCHER – BOHREN

Gewöhnen Sie sich schon einmal an den Gedanken: Die Bohrmaschine wird ab jetzt Ihre treue Gefährtin sein. Mit ihr bahnen Sie sich den Weg durch Holz, Metall und Stein, bis Sie den Heimwerkerinnen-Thron erreicht haben. Bevor es losgeht, wählen Sie das für Sie passende Modell aus:

- **Akkubohrschrauber:** Mit dieser Maschine können Sie im höchsten Getriebegang bohren. Gut klappt das bei Materialien wie Gipskarton, Porenbeton, Holz, Metall und Kunststoff. Vor Mauerwerk und Betonwänden kapituliert das Gerät allerdings.
- **Schlagbohrmaschine:** Durch viele kurz aufeinanderfolgende Schläge bezwingt dieses Werkzeug sogar Mauern aus Ziegelsteinen. Die Schlagfunktion lässt sich bei Bedarf auch ausschalten.
- **Bohrhammer:** Das kräftigste unter den Geräten macht selbst Beton gefügig. Über ein pneuma-

tisches Schlagwerk arbeitet sich der Bohrer mit wenigen Schlägen in den Untergrund vor. Auch hier kann man die Hammerfunktion ausschalten und normal bohren.
Für alle Bohrhämmer ist ein spezieller Hammerbohrer, der sogenannte SDS-Bohrer, notwendig. Er wird im Vergleich zu anderen Bohrern nicht fest in das Bohrfutter eingespannt, sondern nur eingeklickt. Dadurch bleibt der Bohrer während des Hämmerns beweglich. Ansonsten unterscheidet man Bohrer nach dem Material, für das sie eingesetzt werden sollen:

- **Steinbohrer** mit einer seitlich überstehenden Hartmetallspitze
- **Holzbohrer** mit einer ausgeprägten Zentrierspitze
- **Metallbohrer** mit einer gefrästen Spitze.

Standardgröße bei den Steinbohrern ist die Nummer 6. Die Zahl steht für den Durchmesser in Millimetern. Damit lassen sich zum Beispiel Löcher für Spiegel, Regale, größere Bilder oder Garderobenhaken bohren. Um schwere Hängeschränke oder sehr große Bilderrahmen aufzuhängen, benutzen Sie besser einen 8er-Bohrer. Für kleine, leichte Rahmen eignet sich der 5-mm-Bohrer.

Praxistipp zum Bohren: Verwenden Sie nicht sofort die richtige Bohrergröße. Wenn Sie mit einem kleineren Bohrer das Loch zunächst vorbohren, kann nichts schiefgehen. Wechseln Sie danach den Bohrer und vergrößern Sie das Loch.

Haben Sie in Wände, Decken oder Böden die gewünschten Löcher gebohrt, kommt als Nächstes die Befestigungstechnik ins Spiel. Was im ersten Moment etwas kompliziert klingt, heißt übersetzt ganz einfach: Dübel. Diese kleinen Helferlein aus weißem, grauem oder rotem Kunststoff sind enorm wichtig und müssen zum Baustoff passen, in den gebohrt wurde. Eine gängige Sorte sind Universaldübel, die sich beim Eindrehen

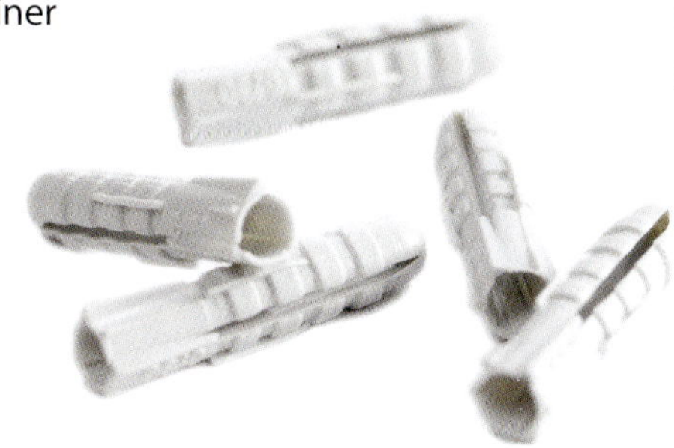

der Schraube im Baustoff verknoten. Sie eignen sich für die Montage von Bilderrahmen, leichten Hängeschränken, Gardinenstangen (für leichte Stoffe) oder Handtuchhaltern. Für Gipskarton oder Porenbeton gibt es spezielle Dübel, damit an den relativ leichten und weichen Baustoffen Lampen, Bilder, kleine Schränke und Konsolen befestigt werden können. Erhältlich sind auch Dübellösungen für Hohlraumdecken.

Um zu erkennen, aus welchem Baustoff Ihre Wände bestehen, klopfen Sie diese zuerst ab. Erklingt ein hohles Geräusch, handelt es sich sehr wahrscheinlich um Gipskarton. Fällt die Klopfprobe dumpf aus, müssen Sie probeweise bohren. Anhand des Bohrstaubs lässt sich das Material bestimmen. Roter Staub signalisiert: Hier wurden Ziegelsteine verbaut. Ein weißes, feinkörniges Bohrmehl deutet auf Kalksandstein hin. Bei hell- bis dunkelgrauem, sehr feinem Staub handelt es sich um Beton, während grobkörniges und hellgraues Bohrmehl eher für Porenbeton steht. Dübel- und Bohrergröße müssen aufeinander abgestimmt sein, und auch die Schrauben sollten mit Länge und Durchmesser zum Dübel passen.

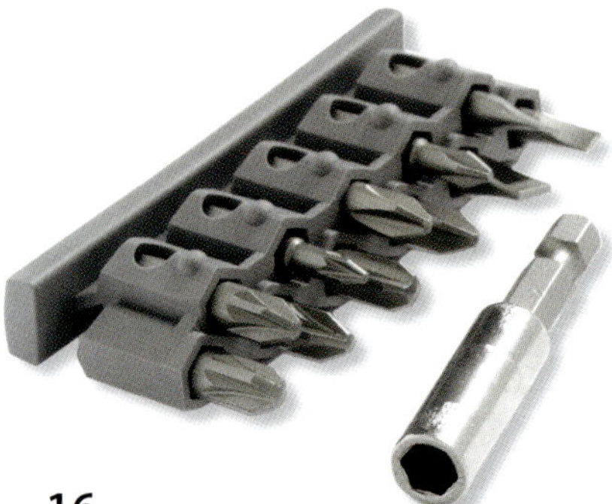

FESTE ANKER – SCHRAUBEN

Mit Schrauben lässt sich viel anstellen: Sie helfen bei der Wandmontage von Regalen, Schränken und Gardinenstangen oder verbinden Holzteile zu einem Möbelstück. Am einfachsten und kräftesparendsten können Schrauben mit einem Akkuschrauber eingedreht werden. Als Aufsatz dienen sogenannte Bits. Das sind kleine Sechskantstifte aus Metall mit unterschiedlich geformten Köpfen. Zunächst setzt man die Bits direkt oder über einen magnetischen Halter in das Schnellspannfutter des Akkuschraubers ein. Die Bitspitze greift dann in den jeweils passenden

Schraubenkopf. Dabei wird unterschieden in folgende Arten:

- **Schlitz:** Ganz einfache Schrauben besitzen einen Längsschlitz. Die Kraftübertragung ist bei diesen Exemplaren eher gering und man kann schnell abrutschen.
- **Kreuzschlitz:** Die Bits finden in diesen Schraubenköpfen deutlich besseren Halt und es lässt sich mehr Kraft übertragen.
- **Torx:** Schraubenköpfe mit dieser Aufnahme sehen sternförmig aus. Neben der Bezeichnung Torx ist auch der Begriff Innensechsrund gebräuchlich.
- **Inbus:** Hierbei handelt es sich um Schrauben mit einem Innensechskant im Kopf. Möbel zur Selbstmontage werden mit solchen Schrauben und einem passenden Inbusschlüssel geliefert.

Definitiv in jede Werkzeugkiste gehört ein Akkuschrauber. Selbst kleinere Modelle besitzen mittlerweile genug Leistung, um auch längere Schrauben schnell einzudrehen. Das Herausschrauben ist ebenfalls kein Problem: Über einen Schalter lässt sich der Rechtslauf in den Linksbetrieb umstellen. Moderne Geräte sind heute mit Lithium-Ionen-Akkus ausgestattet, die länger halten und sich nicht selbst entladen. Sie werden auf separaten Stationen über das Stromnetz aufgeladen. Zusatzfunktionen wie eine integrierte Arbeitsleuchte und ein geringes Eigengewicht machen das Arbeiten mit diesen Werkzeugen sehr komfortabel. Achten Sie beim Kauf auf die beiden Kennzahlen Drehzahl (Umdrehungen pro Minute) und Drehmoment (Nm). Sie geben Auskunft über die Leistung des Geräts. Dabei gilt: Je höher der Wert, desto besser. Bei einigen Akkuschraubern lässt sich die Drehzahl regulieren, so dass Sie langsamer oder schneller arbeiten können.

Machen Sie Werkzeuge zu Ihren Freunden und arbeiten Sie zusammen

SCHARFE SCHNITTE – SÄGEN

Auch eine Stichsäge ist beim Heimwerken sehr nützlich. Sie benötigen das Elektrowerkzeug, das mittlerweile sogar mit Akkubetrieb erhältlich ist, zum Beispiel beim Verlegen von Laminat oder beim Einbau einer Arbeitsplatte und eines Spülbeckens. Stichsägen sind mit einem Gleit- bzw. Maschinenfuß ausgestattet, der das Führen des Geräts erleichtert und ein seitliches Kippen der Säge verhindert. Mit dem Stichsägeblatt, dessen Zähne immer von der Maschine wegzeigen, werden die Schnitte ausgeführt. Abhängig vom Material benutzen Sie entweder ein Holz- oder Metallsägeblatt. Je feiner die Zahnung und dünner das Blatt,

Extra Zubehör

Nichts ist ärgerlicher, als wenn beim Arbeiten plötzlich ein Sägeblatt bricht, ein Steinbohrer stumpf wird oder ein Bit verschwindet. Damit Sie die Zwangspause allenfalls für den Wechsel einlegen müssen, halten Sie immer Ersatz parat. Für alle Elektro-Werkzeuge gibt es Zubehör-Sets mit mehreren und unterschiedlichen Schraubbits, Sägeblättern und Bohrern. Diese ersparen Ihnen den Gang zum Baumarkt.

desto geringer die Schnittbreite. Bei gröberen Sägeblättern fällt sie folglich größer aus. Dieser Materialverlust muss beim vorherigen Abmessen mit berücksichtigt werden. Das Einsetzen bzw. Wechseln des Blattes klappt leicht. Über einen kleinen Hebel, der umgelegt wird, lässt sich das Sägeblatt einsetzen und wieder entnehmen. **Ganz wichtig:** Zu Ihrer eigenen Sicherheit ziehen Sie vorher unbedingt den Stecker aus der Dose, damit Sie die Stichsäge nicht unbeabsichtigt einschalten.

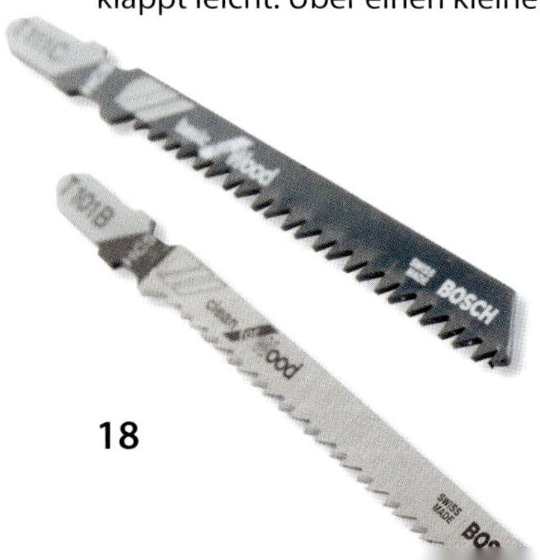

Praxistipp zum Sägen: Für saubere Schnitte setzen Sie den Gleitfuß der Stichsäge auf die vordere Kante des Werkstücks, zum Beispiel Holz oder Metall. Das Sägeblatt darf das Material noch nicht berühren. Schalten Sie nun das Gerät ein, schieben es mit Hilfe des Gleitfußes langsam an die Kante des Werkstücks heran und sägen entlang der vorher markierten Linie.

Stichsägen sind sehr oft mit einer Pendelhub-Funktion versehen. Diese lässt sich über einen Drehschalter ein- und ausstellen. Der Pendelhub sorgt dafür, dass sich das Sägeblatt nicht nur auf und ab bewegt, sondern auch etwas nach vorn schwingt. Achten Sie hier wegen der erhöhten Sägegeschwindigkeit darauf, dass die Schnittkanten des Materials nicht zu stark einreißen.

GLATTE FLÄCHEN – SCHLEIFEN

Wenn Sie Arbeitsplatten und Möbel aus Holz bearbeiten wollen, kommen Sie um das Schleifen nicht herum. Diese Bearbeitung ist bei neuem, noch unbehandeltem Material nötig, aber auch bei älteren Lack- und Lasuranstrichen, die aufgefrischt werden sollen. Für große Flächen benutzt man am besten elektrische Schleifgeräte. Mit ihnen lässt sich nämlich kraftschonend und zeitsparend arbeiten. Es gibt zwei wichtige Einsteigergeräte:

Exzenterschleifer besitzen eine runde Schleifscheibe, die während des Schleifens rotiert und gleichzeitig schwingt. Dadurch erzielen sie noch bessere Ergebnisse als reine Schwingschleifer. Der Vorteil von Exzenterschleifern liegt darin, dass sie sehr schnell, gleichmäßig und ansatzfrei arbeiten. Ecken lassen sich mit diesem Gerät allerdings nicht bearbeiten.

Schwingschleifer sind mit einem länglichen Schleifteller ausgerüstet, der sich seitwärts und vorwärts bewegt. Diese Geräte arbeiten etwas langsamer als Exzenterschleifer und auch der Schleifabtrag ist ein wenig geringer. Ihr Vorteil liegt darin, dass sie sich auch gut zum Schleifen von Ecken eignen.

Die Schleifpapiere werden am Schleifteller befestigt – meistens über ein ganz simples Klettsystem. Die Löcher im Schleifmittel müssen direkt über den Öffnungen im Geräteteller liegen. Sie sorgen dafür, dass der entstehende Holzstaub in den Auffangbehälter abgeleitet wird. Achten Sie beim Kauf auf die Drehzahl und die Leistungsaufnahme der Werkzeuge. Ein Exzenterschleifer sollte mindestens 12.000 und ein Schwingschleifer etwa 11.000 Umdrehungen pro Minute (Drehzahl) schaffen. Die Leistung liegt bei Exzentergeraten idealerweise zwischen 220 und 450 Watt, bei Schwingschleifern zwischen 200 und 400 Watt.

MISS DO-IT-YOURSELF RÄT:

Nehmen Sie Werkzeuge vor dem Kauf in die Hand

Viele aktuelle Modelle sehen sehr handlich aus. Lassen Sie sich davon nicht täuschen, denn manche können recht schwer sein. Wenn Sie eine halbe Stunde damit arbeiten müssen, wird das schnell sehr anstrengend. Ich rate Ihnen deshalb, mehrere Geräte zum Vergleich in die Hand zu nehmen. So können Sie zum einen das Gewicht testen und gleichzeitig feststellen, ob das Werkzeug gut in Ihrer Hand liegt.

Hailo
Hailo

Renovieren

Krönung für Ihre Wände

Prächtige Farben, schimmernde Tapeten und edle Fliesen sind der Ritterschlag für Ihre Wände. Und ob Sie es glauben oder nicht: Das Renovieren wird Ihnen leichter fallen, als sich auf eines dieser Materialien festzulegen.

Schöne Kleider für Ihre Wände

Sie gehen bestimmt gerne einkaufen: Neue Schuhe, ein schöner Mantel oder ein paar nette Accessoires steigern schnell das Wohlbefinden. Was Ihnen persönlich gut tut, schadet auch Ihrem Heim nicht. Also, schenken Sie Ihren Wänden ein schickes Kleid.

Eine prächtige Robe erregt Aufmerksamkeit und sorgt für staunende Blicke. Das ist bei den aktuellen Tapetenkollektionen nicht anders als in der Modewelt. Doch es kommt nicht allein auf den «Wow»-Effekt an. Wer sich für Tapete entscheidet, wählt in der Regel Dessins, die zu ihm und seiner Wohnungseinrichtung mit Möbeln und Textilien passen. Mit Wandkleidern können Sie nämlich sehr gut Ihren Wohnstil, aber auch Ihren persönlichen Geschmack unterstreichen. Als Stil- und Gestaltungsmittel sind Tapeten deshalb einfach unverzichtbar. Schließlich handelt es sich bei diesen hauchdünnen Kleidern um kleine Kunstwerke, die ihren Platz an den Wänden verdient haben.

Wie auch immer die Raumgestaltung mit Tapete aussehen mag, sie wird sehr unterschiedliche Stimmungen bei den Bewohnern hervorrufen und darüber hinaus das persönliche Wohlbefinden beeinflussen.

MUSTER UND FARBEN

Großformatige Ornamente, florale Muster und farbige Streifen, Imitationen von Naturstein und Beton, von Leder und Tierfellen, Oberflächen mit schimmernden Silberfäden, winzigen Glasperlen und reflektierenden Metallpartikeln – die Auswahl an Wandkleidern ist riesig und macht die Entscheidung für eine Tapete nicht gerade leicht. Vor allem, weil bei der Wahl von Mustern und Farben nicht allein Ihr persönlicher Geschmack ausschlaggebend ist. Wieso? Ganz einfach: Nicht jede Tapete passt in jeden Raum. Vielmehr bestimmen die Proportionen eines Zimmers, welche Tapete sich optisch am besten für die Gestaltung eignet. Betrachten Sie aufmerksam den Raum, den sie tapezieren wollen. Ist er sehr schmal oder eher quadratisch, hat er zu niedrige Decken oder erscheint er Ihnen viel zu groß, um ihn sinnvoll zu strukturieren und einzurichten?

Große Tapetenmuster verkleinern zum Beispiel Wandflächen, besonders in Kombination mit dunklen Farbtönen. Umgekehrt lassen kleine Muster und helle Farben einen Raum weiter und größer erscheinen. Längsstreifen an den Wänden strecken den Raum, das heißt, bei niedrigen Zimmern können Streifen helfen, ihn höher wirken zu lassen. Allerdings verkleinern solche Muster auch den Raum. Querstreifen hingegen verlängern eine Wand optisch in

der Breite. Gleichzeitig erscheint der Raum dadurch niedriger. Überlegen Sie im Vorfeld genau, welchen Effekt Sie erreichen wollen. Soll ein großes Zimmer kleiner und gemütlicher wirken? Möchten Sie, dass sich der lange, schmale Flur verbreitert oder der niedrige Raum optisch in die Höhe wächst? Erst, wenn Sie diese Fragen geklärt haben, sollten Sie sich für ein Tapetendessin entscheiden.

WÄNDE ALS AKZENTE

Was vermuten Sie: Wie wirkt ein Raum, wenn nur eine Wand tapeziert wurde anstatt alle vier Wände? Die Antwort liegt auf der Hand: Tapeten an einzelnen Wänden sind ein origineller Blickfang. Deshalb dürfen solche Akzente ruhig üppiger und farbenfroher ausfallen. Die übrigen Wände gestalten Sie aber besser dezent, um die gesamte Raumatmosphäre spürbar zu beruhigen. Innerhalb des Einrichtungskonzeptes sollten Möbelstoffe und Vorhänge nicht mit der Farbe und dem Dessin der Tapete konkurrieren, sondern ihre Wirkung unterstreichen. Generell gilt: Kombinieren Sie nicht zu viele Töne und Muster miteinander. Sonst erscheinen Ihre Räume schnell unruhig und wild. Welche Wand hervorgehoben werden soll, hängt von der Raumarchitektur ab und davon, wie Sie das Zimmer später nutzen, einrichten und dekorieren wollen. Als Hingucker eignet sich eine Wand ohne Türen und Fenster besonders gut. Ihr gegenüber sollte die Zimmertür liegen. Beim Betreten des Raums fällt der Blick dann sofort auf die tapezierte Wand. Denken Sie aber daran, dass eine dunkel gestaltete Fläche ein Zimmer optisch verkürzt. Sie werden schnell feststellen, dass die Wand scheinbar näher rückt, also mehr zur Mitte des Raums drängt. Diesen Effekt können Sie sich zunutze machen, wenn Zimmer zu groß oder zu lang sind.

PRIMA WOHNKLIMA

Nicht nur Muster und Farben einer Tapete beeinflussen das Raumklima. Auch das Material selbst wirkt sich auf das persönliche Wohlbefinden aus. Achten Sie deshalb darauf, dass die Tapeten keinerlei Weichmacher oder Lösungsmittel enthalten. Das erkennen Sie am RAL-Gütezeichen. Dieses Qualitätssiegel garantiert, dass Tapeten frei von gesundheitsschädlichen Substanzen sind. Heute besitzen einige Fabrikate sogar wärmedämmende Eigenschaften und verbessern auf diese Weise zusätzlich das Wohnklima.

So wirken Tapeten in Räumen

NIEDRIGER **Eine dunkle Decke kommt optisch näher, der Raum sieht niedriger aus.**

HÖHER **Senkrechte Muster und Streifen strecken Räume, die somit höher erscheinen.**

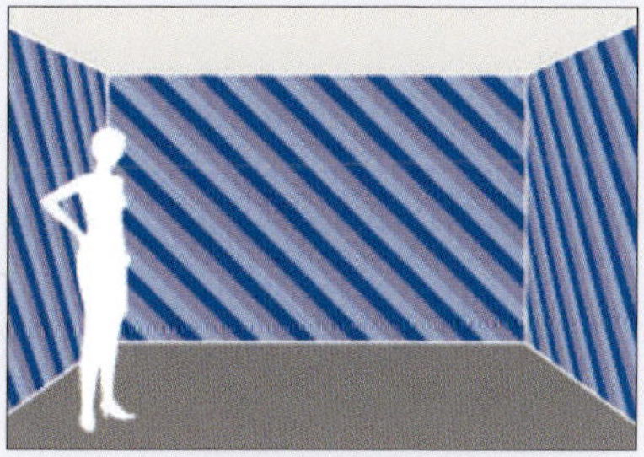

KLEINER **Große und diagonale Muster, aber auch dunkle Farben verkleinern einen Raum.**

GRÖSSER **Sind alle Wände hell und mit kleinen Mustern tapeziert, wirkt der Raum größer.**

TIEFER **Tapeten mit dezenten Farben wie Hellblau oder Hellgrün verleihen Räumen Tiefe.**

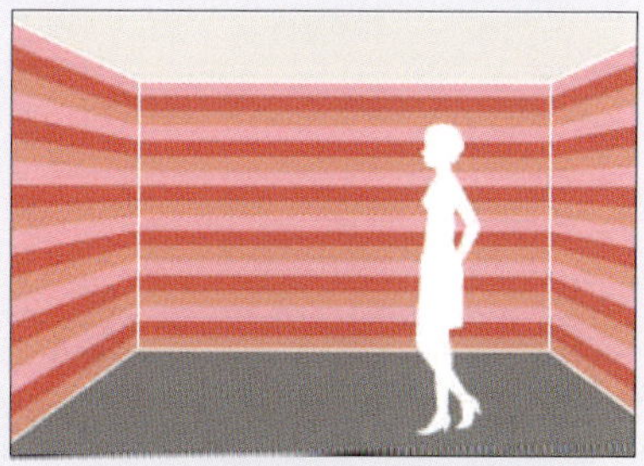

BREITER **Waagerechte Muster lassen einen Raum breiter und gleichzeitig niedriger wirken.**

Hier haben Sie die Wahl

Samtige Textilgewebe, fein bedruckte Wandpapiere, körnige Raufaser, weiches Vlies – hauchen Sie Ihren Räumen mit modernen und kreativ gestalteten Tapeten mehr Leben ein.

Tapeten bestehen entweder aus dem Trägermaterial Papier oder seit jüngster Zeit auch aus Vlies. Auf diese Trägermaterialien werden die unterschiedlichsten Dekorschichten aufgebracht. Durch sehr moderne Produktions- und Druckverfahren lassen sich heute nahezu jede Oberflächenoptik und die ausgefallensten Dessins herstellen. Mit solchen außergewöhnlichen Tapeten werden die schönsten Wohnträume wahr. Aber auch einfache Wandkleider wie zum Beispiel Raufaser müssen sich nicht verstecken – sie kommen nach einem farbigen Anstrich richtig gut zur Geltung.

SEHR BELIEBT: RAUFASER

«Raufaser weiß» hat sich zum Sinnbild der Wandgestaltung in deutschen Mietwohnungen entwickelt. Von einigen als «spießig» belächelt, zählt die Raufaser auch heute noch zu den am häufigsten verwendeten Wandbelägen. Das hat seinen Grund: Die Tapete ist robust, leicht zu verarbeiten und kann jederzeit und mehrere Male überstrichen werden. Raufaser-Tapete besteht aus Papier- und Textilfasern, Zellstoff, Holzmehl und Hilfsstoffen. In die Papiermasse eingearbeitete Holzspäne verleihen der Raufaser ihre typische Oberflächenstruktur. Je nachdem, ob feine oder grobe Späne verwendet wurden, sind Raufaser-Tapeten in verschiedenen Körnungen erhältlich. Neue Produkte wie eingefärbte Raufaser, die nicht mehr gestrichen werden muss, oder Raufaser auf Vliesbasis sollen die Arbeitszeit beim Renovieren verkürzen.

ÄLTESTER WANDBELAG: PAPIER

Bemalte oder von Hand bedruckte Wandpapiere gab es schon im 14. Jahrhundert. Die ersten raumhohen Tapetenbahnen kamen gegen Ende des 17. Jahrhunderts in England auf den Markt. Durch immer neue maschinelle Druckverfahren entwickelten sich im Laufe der Zeit viele Tapetendessins. Die Tapeten bestehen heute entweder aus einer oder zwei Papierschichten. Für die Rückseite kommt häufig Recyclingmaterial zum Einsatz. Qualitätsunterschiede hängen oft vom Gewicht des Papiers ab: Pro Quadratmeter wiegen leichte Papiertapeten 90 bis 120 Gramm, mittelschwere Tapeten zwischen 120 und 150 Gramm und schwere Tapeten über 150 Gramm. Papiertapeten gibt es glatt, geprägt oder geknittert, einfarbig oder mit Mustern bedruckt.

STOFF FÜR WÄNDE: TEXTILTAPETE

Um Räume zu verzieren, wurden im Mittelalter gewebte Wandteppiche aufgehängt. Sie hatten neben ihrer gestalterischen Komponente auch die Aufgabe, Schall zu dämpfen und vor Zugluft und Kälte zu schützen. Ähnliche Wirkungen erzielen Textiltapeten. Auf ein Trägerpapier oder -vlies wird ein Textilgewebe aufkaschiert, das aus natürlichen Materialien wie Baumwolle, Jute, Wolle und Leinen oder aus Kunstfasern besteht. Das Gewebe wird anschließend mit Motiven und Mustern bedruckt. Zu den textilen Wandkleidern gehören auch Velourstapeten. Die samtige Optik entsteht, indem das Muster mit Leim auf das Trägermaterial gedruckt und danach elektrostatisch mit sehr kurzen Natur- oder Synthetikfasern beflockt wird.

VIEL STRUKTUR: PRÄGETAPETEN

Diese Tapeten heißen auch Strukturtapete. Unter hohem Druck prägen Maschinen ein reliefartiges Muster in die glatte Papiertapete. Überaus

MISS DO-IT-YOURSELF RÄT:

Bringen Sie eigene Fotomotive auf Ihre Tapete

Besonders schön finde ich Tapeten mit selbst fotografierten Motiven. So kann ich eine Landschaft, die Skyline meiner Lieblingsstadt oder Nahaufnahmen von Blumen und Gräsern im eigenen Wohnzimmer verewigen. Bei Online-Tapetendesignern brauche ich nur die Größe festlegen und ein Foto hochladen. Die Bahnen bekomme ich dann in Teilen geliefert und klebe sie zu einem Bild an die Wand.

MISS DO-IT-YOURSELF RÄT:

Gestalten Sie Wände mit Tattoos

Wandaufkleber sind toll: Es gibt sie einfarbig, bunt und glitzernd und in vielen unterschiedlichen Motiven, zum Beispiel als verschnörkelte Blumenranken, lustige Sprüche, schlichte Silhouetten oder witzige Tierfiguren. Zur Weihnachts- und Osterzeit sorgen passende Tattoos für eine stimmungsvolle Dekoration. Bei dieser Auswahl kann ich mich oft nicht entscheiden – muss ich auch nicht, denn die Aufkleber lassen sich jederzeit wieder von Hand abziehen und gegen andere Motive tauschen. Auf Raufaser-Tapete halten nicht alle Aufkleber gleich gut. Besser eignen sich glatte Oberflächen.

stabil sind Tapeten mit zwei Papierschichten. Tipp: Beim Tapezieren sollten Sie nur mit einer weichen Tapetenbürste arbeiten, damit Sie das geprägte Muster nicht platt drücken.

KUNSTVOLLE SCHICHT: VINYL

Polyvinylchlorid (PVC), das maschinell auf den Papierträger aufgebracht wird, macht die Vinyltapete so robust und widerstandsfähig. In der Regel ist sie wasserfest und scheuerbeständig und eignet sich gut für Bäder und Küchen, wo viel mit Wasser hantiert wird. Auch in Hauseingängen und Fluren kommt diese Tapetenart oft zum Einsatz. Falls Sie bei den mit Kunststoff beschichteten Tapeten gesundheitliche Beeinträchtigungen fürchten, achten Sie einfach auf das RAL-Gütezeichen. Das Prüfsiegel garantiert Unbedenklichkeit.

JÜNGSTER WANDBELAG: VLIES

Seit einigen Jahren werden Vliestapeten angeboten. Sie haben für eine kleine Revolution gesorgt. Das Besondere: Vliestapeten sind im Gegensatz zu anderen Tapeten dimensionsstabil, das heißt, sie nehmen keine Feuchtigkeit auf und dehnen sich nicht aus. Dadurch können Sie Vliestapeten direkt an der eingekleisterten Wand anbringen, ohne dass Sie zusätzlich Kleister auf die Tapetenrückseite auftragen müssen. Auch beim Entfernen bieten Vliestapeten einen großen Vorteil: Im trockenen Zustand lassen sich die Tapeten bahnenweise abziehen – das spart viel Zeit und Kraft. Wer seine Wände noch individueller gestalten mag, kann glattes, unbedrucktes Vlies verarbeiten und anschließend Farben oder Dekorputze auftragen.

DAS I-TÜPFELCHEN: BORDÜREN

Borten oder Bordüren bilden den krönenden Abschluss der Wandgestaltung. Die schmalen Bänder sehen oft kunstvoll aus und ergänzen die Tapetenkollektionen. Bordüren können waagerecht verklebt werden, um eine großflächige Wand zu strukturieren oder einen Übergang zwischen zwei unterschiedlichen Tapeten zu schaffen.
Eine außergewöhnlich Optik entsteht, wenn Sie die Bordüren einfach mal senkrecht verkleben oder bestimmte bauliche Elemente besonders hervorheben, zum Beispiel Fenster oder Türen.
Papierborten lassen sich nachträglich mit speziellem Bordürenkleber auf glatte Papier- oder Vliestapeten kleben. Bei Tapeten mit Vinyl- oder Prägestruktur müssen Sie die Borten direkt auf Stoß, also Kante an Kante, zwischen die Bahnen setzen.

Die Geheim-Codes der Tapeten entschlüsseln

Die Material- und Verarbeitungseigenschaften von Tapeten sind oft sehr verschieden. Damit Sie beim Tapezieren nicht den Überblick verlieren, sollten Sie die Symbole auf den Beipackzetteln der Rollen lesen.

Material- und Qualitätseigenschaften

wasserbeständig | waschbeständig | hoch waschbeständig | scheuer-waschbeständig | hoch scheuer-waschbeständig

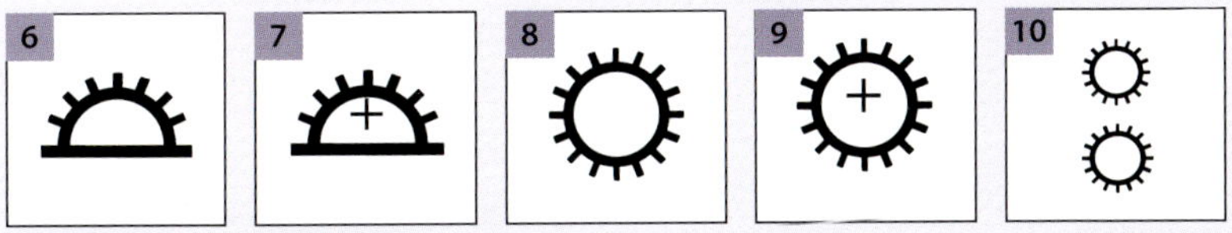

ausreichend lichtbeständig | befriedigend lichtbeständig | gut lichtbeständig | sehr gut lichtbeständig | ausgezeichnet lichtbeständig

1-5 Flecken an Tapeten lassen sich kaum vermeiden. Wählen Sie für Wohnräume waschbeständige und für Küche und Bad mindestens hoch waschbeständige oder besser noch scheuerbeständige Tapeten.

6-10 Wie stark Farben mit der Zeit ausbleichen, erkennen Sie an diesen Symbolen. Sehr wichtig: Tapeten sollten mindestens eine gute Lichtbeständigkeit besitzen.

Verarbeitungseigenschaften

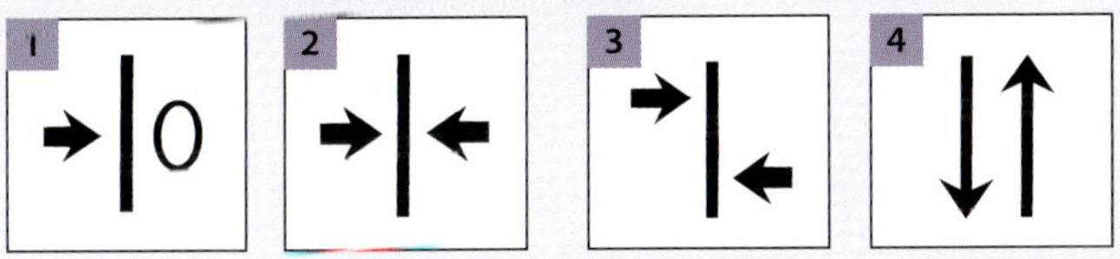

kein Ansatz | gerader Ansatz | versetzter Ansatz | gestürztes Kleben

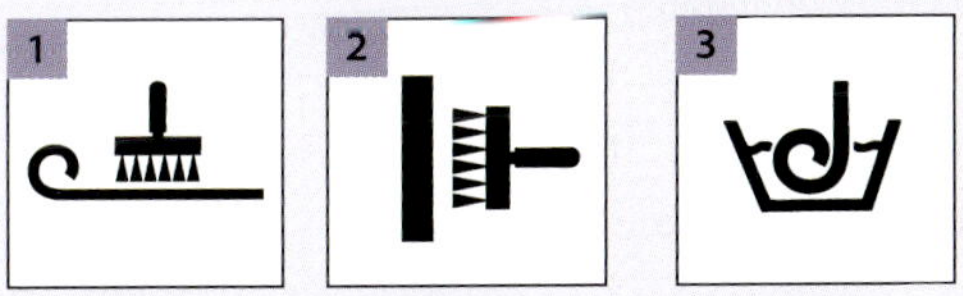

Tapete einkleistern | Wand einkleistern | vorgekleistert

restlos abziehbar | spaltbar | nass zu entfernen

Ansätze: 1 Muster brauchen Sie nicht zu beachten. **2** Kleben Sie gleiche Muster in gleicher Höhe nebeneinander. **3** Das Muster auf der nächsten Bahn verschieben Sie um eine halbe Musterhöhe. **4** Jede zweite Bahn auf den Kopf gestellt verkleben.

Einkleistern: 1 Die Tapetenrückseite wird eingekleistert. **2** Kleister wird direkt auf Wände bzw. Untergründe aufgetragen. **3** Die Rückseite ist bereits vorgekleistert. Durch Befeuchten mit Wasser entwickelt der Kleister seine Klebkraft.

Entfernen: 1 Die trockene Bahn lässt sich rückstandslos von der Wand abziehen. **2** Die obere Tapetenschicht können Sie trocken entfernen, die untere verbleibt auf der Wand. **3** Tapeten lassen sich nur nass mit dem Spachtel ablösen.

Werkzeuge und **Materialien**

Haben Sie Ihre Lieblingstapete gefunden, setzen Sie Ihre Shopping-Tour in der Werkzeugabteilung fort. Stöbern Sie ein wenig, denn hier gibt es viel zu entdecken.

Zum Tapezieren finden sich in den Regalen der Baumärkte eine Menge Werkzeuge. Viele sind nützlich, einige erleichtern das Arbeiten, manche erweisen sich als überflüssig.
Die häufigste Frage ist «Brauche ich einen Tapeziertisch?». Er ist dann eine sinnvolle Investition, wenn Sie viele Räume tapezieren wollen. Beim Verkleben von Vliestapeten können Sie auf einen Tapeziertisch verzichten, da Sie die trockenen Bahnen direkt auf die vorgekleisterte Wand kleben. Gleiches gilt für die Kleistermaschine. Sie ist zwar komfortabel, die Tapeten bekommen Sie aber auch ohne dieses Gerät an die Wand.

Bevor Sie zu viele Werkzeuge kaufen, überlegen Sie zuerst, welche Sie am dringendsten benötigen.
Denken Sie bei Ihren Einkaufsvorbereitungen nicht allein an die Werkzeuge und die Tapeten. Es gibt nämlich noch weitere Materialien, die für das Tapezieren sehr wichtig sind. Dazu gehören Abdeckfolien, die Fußböden vor Schmutz und Kleisterflecken schützen, und natürlich der Tapetenkleister. Flüssiger Tapetenablöser, Gips zum Füllen von Bohrlöchern und ein Tiefengrund zur Vorbehandlung von Wänden, die Feuchtigkeit stark aufsaugen, kommen je nach Bedarf zum Einsatz.

MATERIAL BERECHNEN

Damit Sie am Ende nicht zu wenig oder zu viel Material einkaufen, ist Rechnen angesagt, bevor Sie zum Tapeteneinkauf in den nächsten Baumarkt fahren. Dazu messen Sie zuerst Ihren Raum genau aus und ermitteln den Bedarf.
Wie viele Rollen Tapete in Ihrem Einkaufswagen landen, hängt zum einen natürlich von der zu tapezierenden Fläche ab, zum anderen von der Rollenlänge, also den Metern auf einer Rolle Tapete. Für Papier- und Vliestapeten gilt europaweit ein Standardmaß von 10,05 Metern Länge und 0,53 Metern Breite.

1 Wasserwaage zum Markieren der Bahnen 2 Tapezierschiene zum Kürzen der Tapete an Decke und Boden 3 Tapezierbürste zum Anbringen von Raufaser- und Papiertapeten 4 Quast zum Auftragen des Kleisters 5 Messbecher und Rührquirl zum Ansetzen des Kleisters 6 Tapetentiger zum Perforieren alter Wandbeläge 7 Tapetenschiene, die als Schneidlineal benutzt werden kann 8 Moosgummi-Rolle zum Befestigen von Vliestapeten 9 Nahtroller zum Glätten der Tapetennähte 10 Senklot zum Ausrichten der Bahnen 11 Tapezierschere zum Zuschneiden und Kürzen der Tapeten 12 Zollstock zum Ausmessen 13 Andrückspachtel für Vliestapeten 14 Cuttermesser 15 Bleistift 16 Malerspachtel zum Ablösen alter Tapeten

1
2
3
4
5
6
7
8
9
10
11
12
13
14
15
16

Eine Ausnahme sind Raufaser-Tapeten: Hier können die Rollenmeter unterschiedlich ausfallen und die Längen zwischen 15 und 33 Metern variieren.
Die durchschnittliche Raumhöhe in deutschen Wohnungen liegt zwischen 2,40 und 2,70 Metern. Berechnen Sie deshalb zuerst, wie viele ganze Bahnen Sie aus einer Rolle erhalten. Dividieren Sie die Rollenmeter durch die Raumhöhe. Anschließend bestimmen Sie den Raumumfang: Die Breite aller Wandflächen (auch Nischen und Vorsprünge) addieren Sie miteinander, die Breite der Türen und Fensterflächen ziehen Sie ab. Den Wert teilen Sie durch die Rollenbreite (0,53 m). So ergibt sich die Gesamtzahl der zu tapezierenden Bahnen im Raum. Teilen Sie die Zahl durch die berechnete Anzahl von Bahnen, die Sie aus einer Rolle erhalten. Falls Sie sich jetzt mit Schrecken an Ihre letzte Mathestunde in der Schule erinnert fühlen – kein Problem: Im Internet gibt es Online-Rechner, die Ihnen den Tapetenbedarf ganz schnell ermitteln. Wer doch lieber selbst

Bei der Fülle an Tapeten fällt die Auswahl nicht leicht. Nehmen Sie sich Zeit für Ihre Entscheidung

rechnen möchte, kann sich an dieses Beispiel halten: Ihr Raum ist 3 mal 4 Meter groß und 2,60 Meter hoch. Aus einer 10,05 Meter langen Rolle erhalten Sie drei volle Bahnen (10,05 m : 2,60 m). Übrig bleiben 2,25 Meter Tapete. Der Raumumfang beträgt 14 Meter (2 x 3 m + 2 x 4 m). Etwas mehr als 26 Bahnen (14 m : 0,53 m : 3) müssen verklebt und neun Rollen Tapete eingekauft werden. Ist der zu tapezierende Raum nur 2,40 Meter hoch, reicht eine Rolle für vier Bahnen. Dann bleiben aber nur etwa 40 Zentimeter Tapete übrig.
Wichtig ist, dass Sie immer genug Verschnitt einplanen. Bei rapportfreien, also ansatzlosen, Tapeten wie Raufaser oder Vlies liegt dieser bei zirka 5 bis 10 Zentimetern, da die Tapete immer mit etwas Überstand zur Decke und zum Boden verklebt wird. Bei großen Tapetenmustern oder versetzten Ansätzen fällt der Verschnitt höher aus.

TAPETEN AUSWÄHLEN

Die Wahl einer Tapete fällt angesichts der Fülle an Dessins nicht immer leicht. Viele Hersteller bieten innerhalb einer Kollektion nicht nur verschiedene Farbtöne an, sondern es gibt zu den gemusterten Wandkleidern oft auch die passenden Uni-Tapeten und Bordüren. Im Internet können Sie bei einigen Herstellern stöbern, im Geschäft helfen Musterbücher bei der Entscheidung.

Haben Sie sich für ein Tapetendessin entschieden, packen Sie die Rollen nicht wahllos in den Einkaufskorb. Auch wenn das Muster der Tapete auf den ersten Blick identisch scheint, gibt es kleine, aber entscheidende Unterschiede bei den Farben und Mustern. Das hat folgenden Grund: Tapeten werden in unterschiedlichen Produktionsmengen gedruckt. Bestellen Baumärkte oder Fachgeschäfte später Tapeten nach, liefern die Hersteller meist Rollen aus anderen Serienfertigungen.

Das ist ganz normal, aber ärgerlich für die Heimwerkerin, wenn sie den Fehler erst zu Hause beim Tapezieren bemerkt. Damit Ihnen das nicht passiert, vergleichen Sie die Seriennummern auf den Etiketten. Sind diese Nummern identisch, geht garantiert nichts schief.

MISS DO-IT-YOURSELF RÄT:

Kaufen Sie ruhig ein paar Rollen Tapete mehr

Wenn ich Tapeten kaufe, bin ich immer sehr großzügig und lade meistens zwei bis drei Rollen mehr in den Einkaufswagen. Früher hatte ich die Menge manchmal zu knapp berechnet und nicht an falsches Messen und Zuschneiden oder kleine Beschädigungen beim Verarbeiten der Tapeten gedacht. Also musste ich wieder in den Baumarkt fahren. Solche unnötigen Wege können Sie sich von vornherein sparen, wenn Sie direkt mehr Material mitnehmen. Falls Ihnen die zusätzlichen Kosten Kopfzerbrechen bereiten, kann ich Sie beruhigen: Die ungeöffneten Pakete können Sie später wieder ins Geschäft zurückbringen. Eine Ausnahme stellen allerdings Sonderanfertigungen dar, zum Beispiel Fototapeten.

DER RICHTIGE KLEISTER

Je nachdem, für welche Tapetenart Sie sich entschieden haben, kaufen Sie auch den dazu passenden Kleister. Ja, genau: Kleister ist nicht gleich Kleister. Jeder Tapetenkleister wird genau auf das Trägermaterial und den Einsatzbereich der Tapete abgestimmt. Für Raufaser, schwere Struktur- und Vinyltapeten sowie Papier- und Vliestapeten gibt es jeweils ein spezielles Produkt. Die Beschreibungen sind sehr eindeutig, so dass Sie nicht lange im Regal suchen müssen. Einige Hersteller bieten auch Kombi-Produkte an, die Grundierung und Tapetenkleister kombinieren. Damit sparen Sie sich einen Arbeitsschritt und können sofort mit dem Tapezieren beginnen.

Richtig Tapezieren

Sie haben noch nie eine Wand, geschweige denn einen ganzen Raum tapeziert? Auch wenn Sie Anfängerin sind, werden Sie diese Herausforderung meistern: Tapezieren ist nämlich viel einfacher, als Sie bisher dachten.

Das Wichtigste vorweg: Planen Sie gut, und nehmen Sie sich Zeit zum Renovieren. Zeitdruck löst Stress aus, und dann passieren schnell Fehler. Lesen Sie die Gebrauchsanweisungen und machen Sie sich mit den Materialien vertraut. Wenn Sie wissen, wie die Produkte richtig angewendet werden, erzielen Sie ganz sicher gute Ergebnisse.

VORARBEITEN

Sicher, der Spaßfaktor bei einigen Arbeiten (z. B. Tapeten abkratzen) hält sich in Grenzen. Machen Sie einfach das Beste daraus! Laden Sie Ihre Freundinnen ein und legen Sie Ihre Lieblings-CD in den Musik-Player. So gehen Ihnen die Vorarbeiten leichter und schneller von der Hand. Das müssen Sie erledigen:

- Abdeckungen von Steckdosen und Lichtschaltern entfernen
- Fußleisten falls möglich abnehmen oder abkleben
- Alte Tapeten entfernen, mit Perforationswalze oder Tapetentiger und flüssigem Tapetenablöser
- Bohrlöcher und Vertiefungen mit Spachtelmasse oder Gips füllen
- Wände prüfen, ob sie tragfähig, also fest, glatt und trocken sind
- Tiefengrund auf untapezierte, stark saugende Wände auftragen

KLEISTER ANSETZEN

Auf der Verpackung ist angegeben, in welchem Verhältnis Sie den Kleister mit Wasser ansetzen müssen. Halten Sie sich unbedingt an die

Das müssen Sie vorher erledigen

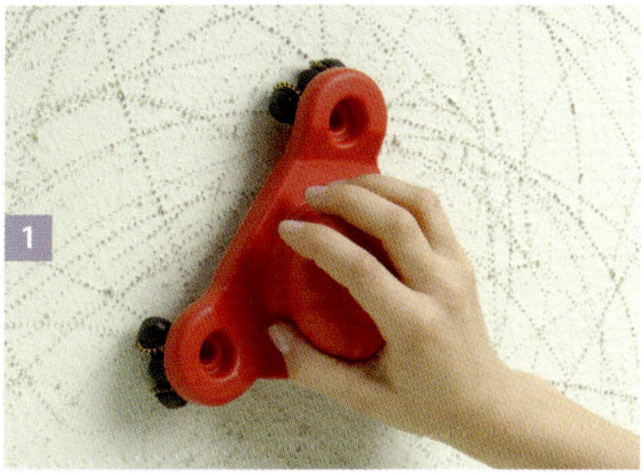

1 **Durch kreisende Bewegungen perforiert der Tapetentiger die Tapete.**

2 **Wasser, das Sie mit dem Schwamm auftragen, dringt durch die Löcher.**

3 **Nach kurzer Einweichzeit können Sie die Tapete ablösen.**

4 **Bohrlöcher und Unebenheiten füllen Sie mit Spachtelmasse oder Gips auf.**

5 **Saugt die Wand stark, müssen Sie eine Grundierung auftragen.**

Wie stark saugen meine Wände?

Ob untapezierte Wände eine Grundierung brauchen, können Sie so testen: Sprühen Sie die Wand mit etwas Wasser aus der Pflanzensprühflasche ein. Färbt sich die Stelle schnell dunkel, saugt die Wand stark. Dann müssen Sie vor dem Tapezieren unbedingt einen Tiefengrund mit Quast oder Rolle auf die Wände auftragen.

Angaben, denn eine zu dicke, aber auch eine zu flüssige Kleistermasse kann Probleme beim Ankleben und bei der anschließenden Haftung bereiten. Benutzen Sie zum Anrühren am besten einen Kleistereimer mit Literskala, den es in jedem Baumarkt zu kaufen gibt.
Klumpenfrei wird der Kleister, wenn Sie das Pulver langsam und gleichmäßig in das Wasser geben und dabei kräftig umrühren. Dafür eignet sich ein Rührstab oder ein Akkuschrauber mit Rührquirl. Lassen Sie dem Kleister etwas Zeit zum Quellen. Das dauert in etwa 15 bis 20 Minuten, je nach gewähltem Produkt. Zwischendurch rühren Sie die Masse ein paar Mal mit dem Rührstab um. Danach können Sie mit dem Einkleistern der Tapete oder der Wand beginnen. Bei den neuen Flüssigkleistern verringert sich die Quellzeit auf nur zwei Minuten.

Praxis-Tipp für Spar-Füchse: Bleibt angerührter Kleister übrig, decken Sie ihn luftdicht mit Frischhaltefolie ab. So lässt er sich für kurze Zeit lagern und Sie können ihn ein paar Tage später weiterverarbeiten.

Decken tapezieren – das klappt am besten zu zweit

Ausgehend von der Wandseite messen Sie etwa 50 Zentimeter ab und setzen mit dem Bleistift mehrere Markierungen an der Decke.

Entlang der Markierung spannen Sie die Schlagschnur. Lesen Sie den Tipp der Miss Do-it-yourself!

MISS DO-IT-YOURSELF RÄT:

Markieren Sie die Decke mit einer Schlagschnur

Eine Schlagschnur verwenden Hobbyheimwerker eher selten. Ich finde dieses Hilfswerkzeug aber sehr praktisch – gerade beim Markieren der ersten Bahn an der Decke. Die Schlagschnur funktioniert so: Im Gehäuse befindet sich farbiges Kreidepulver. Ziehe ich die Schnur heraus, ist sie mit feinem Kreidestaub umhüllt. Eine Freundin hilft mir, die Schnur von einer Wand zur gegenüberliegenden Seite zu spannen. Die Schnur muss sich direkt unterhalb der Decke befinden. Dann ziehe ich die straff gespannte Schlagschnur etwas nach unten und lasse sie nach oben schnellen. Sobald die Schnur die Decke berührt, gibt sie Kreidepulver ab. Dadurch entsteht eine durchgängig gerade Markierung, und ich habe meinen Ansatz für die erste Bahn. Sie können die Linie auch mit Wasserwaage und Bleistift ziehen. Das ist etwas aufwendiger und verlangt mehr Genauigkeit.

3

Zuerst kleistern Sie die Decke ein und setzen an der Kreidelinie die erste Bahn an. Raufaser glätten Sie mit der Tapezierbürste, zum Andrücken von Vliestapeten benutzen Sie die Moosgummi-Rolle.

4

Seitenüberstände schneiden Sie mit dem Cutter ab. Die Tapetenschiene sorgt für gerade Schnitte.

So tapezieren Sie Wände mit Raufaser- oder Papiertapete

Mit Hilfe von Senklot oder Wasserwaage zeichnen Sie eine senkrechte Linie für die erste Bahn.

Alles im Lot: Die erste Bahn gibt die Richtung vor. Messen Sie deshalb immer exakt aus

Setzen Sie den Kleister wie auf der Packung beschrieben mit Wasser an und lassen ihn 15 Min. quellen.

Mit dem Quast tragen Sie den Kleister satt, aber nicht zu nass auf die Tapete auf. Ränder nicht vergessen!

Schneiden Sie bei Raufaser und ansatzfreien Tapeten gleich mehrere Bahnen auf die richtige Länge zu.

Die Bahn schlagen Sie oben zu 2/3, unten zu 1/3 ein. Lassen Sie die Tapete kurz einweichen.

Den oberen Teil der Bahn drücken Sie an die Wand, den unteren entfalten Sie und streichen ihn glatt.

Mit der Bürste glätten Sie die Bahn. Arbeiten Sie von oben nach unten, von der Mitte zu den Seiten.

Zum Schluss drücken Sie alle Ränder fest mit dem Nahtroller an.

SCHNIPP, SCHNAPP, TAPETE AB

Bevor Sie die Bahnen zuschneiden, messen Sie die Wände an verschiedenen Stellen im Raum. Gerade bei Altbauten sind Decken und Wände meist nicht gerade, so dass die Bahn plötzlich zu kurz sein kann. Dieses Problem umgehen Sie, wenn Sie pro Bahn etwa fünf bis zehn Zentimeter dazugeben. So lässt sich die Tapete gut an der Decke ansetzen und reicht auch noch bis zum Boden. Praktisch ist es, mehrere Tapetenbahnen zuzuschneiden. Bereiten Sie aber nicht alle Bahnen auf einmal vor. An Fenstern und Türen sowie in Nischen und Ecken brauchen Sie nur halbe oder gekürzte Bahnen, die Sie dann sowieso noch genau zuschneiden müssen. Auf diese Weise verringern Sie den Verschnitt.

TIPPS FÜR KLEISTER-MEISTER

Kümmern Sie sich besonders um das Einkleistern der Bahnen. Hier kommt es auf die richtige Menge an. Bestreichen Sie die Tapetenrückseite gleichmäßig mit Kleister. Es sollten keine «Pfützen», also Stellen mit mehr Kleister, entstehen. An der Wand bilden sich sonst hinter der Tapete Beulen, weil sich so viel Kleister nicht verstreichen lässt. Wenn die bestrichene Tapete kaum glänzt, haben Sie zu wenig Kleister aufgetragen. Ganz wichtig sind die Ränder der Tapeten. Kontrollieren Sie deshalb immer, ob Sie diese richtig festgeklebt haben.

DECKEN TAPEZIEREN

Beim Tapezieren sind zwei weitere helfende Hände immer nützlich, erst recht, wenn Sie die Decke tapezieren wollen. Ungewohnt wird bei dieser Arbeit vor allem sein, dass Sie über Kopf arbeiten müssen. Damit Sie in dieser Arbeitsposition nicht das Gleichgewicht verlieren, brauchen Sie festen Stand. Eine Leiter, die stabil und hoch genug ist, bietet Ihnen die nötige Sicherheit.

Beim Tapezieren von Decken ist die Laufrichtung der Bahnen besonders wichtig: Verlaufen diese falsch, fallen später im Tageslicht die Nahtstellen unangenehm auf, weil sie kleine Schatten werfen. Verkleben Sie deshalb die Tapetenbahnen an der Decke immer in Richtung des Lichteinfalls bzw. längs zum Fenster.

Die meisten Räume sind nicht winklig, sondern haben mehr oder weniger schiefe Wände und Decken.

Direkt auf die Wand – Vliestapeten

Mit einer kurzflorigen Kleisterrolle tragen Sie den Vliestapetenkleister satt auf die grundierten Wände auf.

Setzen Sie die Bahn mit Überstand zur Decke an und drücken Sie diese grob mit der Hand fest.

Mit einer Moosgummi-Rolle fahren Sie über die gesamte Bahn, bis sie glatt an der Wand sitzt.

Tapetenüberstände zum Boden und zur Decke schneiden Sie mit Cutter und Tapetenschiene ab.

Deshalb dürfen Sie die erste Bahn nie direkt in die Ecke von Wand zu Decke setzen. Lassen Sie einen Abstand von zirka 50 Zentimetern zur Längsseite. Benutzen Sie die Schlagschnur, um eine gerade erste Bahn an der Decke zu markieren.
Nach dem Einkleistern legen Sie die Tapetenbahnen wie eine Ziehharmonika zusammen und lassen sie kurz weichen. Dann könen Sie loslegen: Eine hält die Tapete hoch, die andere richtet sie an der Decke aus und streicht sie mit der Tapezierbürste glatt. Auf diese Weise bekleben Sie die komplette Fläche. Achten Sie darauf, die Bahnen immer auf Stoß, also Naht an Naht zu tapezieren. Zum Schluss schneiden Sie eine Bahn auf rund 53 Zentimeter zu, kleben sie in die anfangs freigelassene Stelle und kürzen den seitlichen Überstand.

WÄNDE TAPEZIEREN

Mit der Decke haben Sie die erste Hürde gemeistert. Ab jetzt wird es einfacher, denn die Vorgehensweise beim Tapezieren von Decken und Wänden ist relativ ähnlich. Auch hier spielt der Lichteinfall eine Rolle. Damit Nähte später keine Schatten werfen, tapezieren Sie immer vom Fenster weg in Richtung des Raumes. Wenn Sie beginnen, setzen Sie die erste Bahn nie mit der Kante in die Raumecke. Dort ist die Haftung geringer. Wenn sich die aneinanderstoßenden Bahnen während des Trocknens etwas zusammenziehen, entstehen dazwischen kleine oder größere Fugen. Damit das nicht passiert, lassen Sie zur Ecke etwa drei bis fünf Zentimeter Platz. In diesem Bereich richten Sie die erste Bahn aus. Hilfreich ist dabei ein sogenanntes Senklot, mit dem Sie eine gerade Linie an die Wand zeichnen können. Ecken sind auch dann etwas schwierig, wenn die letzte Bahn an einer Wand zur Hälfte um die Raumecke reicht. Da Wände selten gerade sind, würde die Bahn, und damit das Muster, schief werden. Besser ist es, die Tapetenbahn so zu kürzen, dass sie nur zwei Zentimeter um die Ecke reicht. Die nächste Bahn verkleben Sie dann wie gewohnt auf Stoß, also Tapetenkante an Tapetenkante. Bei schief geratenen Bahnen hilft der Doppelnahtschnitt.

MISS DO-IT-YOURSELF RÄT:

Ein Doppelnahtschnitt sorgt für gerade Ansätze

Normalerweise verklebe ich meine Tapeten «auf Stoß», also Naht an Naht. Nur in einem Fall ist es erlaubt, die Bahnen überlappend anzubringen: beim Doppelnahtschnitt. Wenn die Tapete auf die schiefe Bahn geraten ist, kann ich sie so wieder «ins Lot» bringen. Dazu verklebe ich die folgende Bahn exakt gerade (vorher mit Wasserwaage ausloten) und lasse sie fünf bis sieben Zentimeter über die vorherige Bahn überlappen. Dort, wo die Bahnen übereinanderliegen, mache ich mit dem Cutter einen kleinen Schnitt. Jetzt setze ich ein spezielles Gleitfußmesser an und ziehe es mit etwas Druck von oben nach unten durch. Dabei schneidet das Messer in beide Schichten. Ich brauche den oberen und den unteren Tapetenstreifen nur noch zu entfernen und die Tapetennähte mit Bürste oder Nahtroller fest anzudrücken. Falls nötig, gebe ich unter die Ränder etwas Kleister.

Mit einer Tapezierschiene und einem scharfen Cuttermesser kürzen Sie die Tapetenüberstände an der Decke und am Fußboden. Lassen Sie die Tapete ganz kurz antrocknen, damit sie beim Schneiden nicht reißt. Warten Sie aber nicht zu lange: Um die Bahn am unteren Ende von der Wand ablösen zu können, darf sie nicht zu trocken sein. Genauso gut klappt das Kürzen mit einer Tapezierschere. Drücken Sie das untere Ende der Tapete mit dem Scherengriff in die Ecke zwischen Wand und Fußboden. Dadurch entsteht eine leichte Markierung. Die Tapete ziehen Sie an dieser Stelle vorsichtig von der Wand ab und kürzen den Überstand entlang der markierten Linie.

Wichtig: Tapeten dürfen an den Wänden nicht zu schnell trocknen, weil sie sich sonst stark zusammenziehen und die Nähte aufplatzen. Drehen Sie deshalb den Heizkörper im Raum herunter und vermeiden Sie Zugluft.

An Fenstern und Türen tapezieren

Die Bahnen an der Fensterlaibung einschneiden und andrücken.

Kanten zum Fensterrahmen entfernen Sie mit dem Cuttermesser.

In Verlängerung zur Laibung schneiden Sie den Überstand ab.

Setzen Sie eine neue Bahn an, und kleben Sie sie bis in die Laibung.

Die Tapete kleben Sie nur etwa fünf Zentimeter hinter den Heizkörper.

Um Türen herumzutapezieren, ist einfach. Überstände kürzen Sie.

TIPPS FÜR DEN NOTFALL

Falten: Wenn Sie die Tapetenbahnen nicht gründlich mit der Tapezierbürste andrücken, können sich Wellen bilden. Winzige Falten sind nach dem Trocknen am nächsten Tag verschwunden. Erscheinen sie zu groß, lösen Sie die Bahn sofort vorsichtig von der Wand und streichen sie erneut mit der Bürste glatt.

Luftblasen: Sie entstehen, wenn die Tapetenrückseite nicht komplett eingekleistert oder die Bahn nicht genügend mit der Tapezierbürste glatt gestrichen wurde. Stechen Sie die Blase mit der Nadel einer Kleisterspritze an. In den Hohlraum füllen Sie etwas Kleister und befestigen die Tapete mit Bürste oder Rolle.

Kleisterbeulen: Haben Sie zu viel Kleister aufgetragen, lässt sich die Tapete nicht optimal an der Wand anbringen. Durch das Wischen mit der Tapetenbürste schieben Sie den überschüssigen Kleister zusammen, so dass sich Beulen bilden können. Mit einem Cuttermesser ritzen Sie die Tapete ein wenig an und drücken den Kleister nach außen. Entfernen Sie die Masse mit einem sauberen und trockenen Tuch.

Lose Ränder: Zu wenig oder kein Kleister an den Rändern ist schuld. Beim Auftragen des farblosen

Feuchtigkeit auf und dehnen sich aus. Später, wenn der Trocknungsprozess einsetzt, ziehen sich die Tapeten wieder zusammen. Haben Sie zu wenig Kleister – vor allem an den Rändern – verwendet, entstehen manchmal sichtbare Fugen. Da die Bahnen schon angetrocknet sind, können Sie sie nicht mehr korrigieren. Eine Lösung bei Raufaser ist eine spezielle Reparaturspachtelmasse, mit der Sie die Lücken vorsichtig füllen und dann glatt spachteln.

Falls es beim ersten Versuch nicht sofort klappt, bleiben Sie geduldig. Es ist noch keine Königin vom Himmel gefallen

Kleisters kann es leicht passieren, dass Sie einige Stellen übersehen. Haftet die Bahn insgesamt gut an der Wand, streichen Sie mit einem kleinen Pinsel (Künstlerpinsel) einfach etwas Kleister unter den losen Rand und drücken ihn mit dem Nahtroller oder der Tapezierbürste gut an.

Lockere Bahnen: Lösen sich Tapeten von der Wand, wurde in der Regel zu wenig Kleister verwendet. Probieren Sie es mit einem zweiten Kleisterauftrag (ohne Einweichen) oder einer komplett neuen Bahn. Ein weiterer Grund könnte auch sein, dass die Wand nicht tragfähig ist und die Tapete deshalb nicht richtig hält. Prüfen Sie vorher also immer den Untergrund und behandeln ihn falls nötig mit einem Tiefengrund vor.

Fugen zwischen Bahnen: Auch in diesem Fall wurde zu wenig Kleister benutzt. Einige Tapeten wie zum Beispiel Raufaser nehmen die

Frisch tapezierte Wände hassen Zugluft

Durch Zugluft kann es passieren, dass der Kleister schneller als die Tapete trocknet und sich die Bahnen von der Wand ablösen. Lassen Sie während des Tapezierens die Fenster geschlossen. Nach vier bis fünf Stunden können Sie ein (!) Fenster ankippen, damit die Luftfeuchtigkeit entweicht. Weitere Fenster und Türen im Raum müssen geschlossen bleiben! Drehen Sie auf keinen Fall die Heizung hoch, um das Trocknen zu beschleunigen.

Kreative Idee: **Möbel**

Auch Möbel lassen sich ganz leicht mit Tapeten verschönern. Diese Arbeit geht so schnell von der Hand, dass Sie sich schon in wenigen Stunden über Ihr selbst gestaltetes Möbelstück freuen können.

Wie wäre es beispielsweise mit tapezierten Holztafeln, die Sie wie Bilder an die Wand hängen? Der Vorteil: Sie können sie jederzeit wieder entfernen, ohne gleich den Raum neu tapezieren zu müssen. Haben Sie eine neue Lieblingstapete gefunden, tauschen Sie diese einfach gegen die alten Muster.

Ein mit Tapete verzierter Raumteiler oder Paravent, eine tapezierte Zimmertür in Stein- oder Lederoptik, eine beklebte Regalrückwand oder eine verschönerte Kommode – Sie haben viele Gestaltungsmöglichkeiten und können Ihren kreativen Ideen freien Lauf lassen.

Beim Tapezieren von Möbeln müssen Sie den Untergrund gut vorbereiten, damit die Papierkleider lange haften bleiben. Möbelteile aus unbehandeltem Buche- oder Kieferleimholz,

Fall kann das unansehnliche Flecken auf der schönen Tapete hinterlassen. Tritt doch ein wenig Klebstoff aus, tupfen Sie ihn einfach mit einem sauberen Stofflappen weg.
Abgesehen von Möbeln eigenen sich Tapeten auch für selbst gestaltete Lampenschirme. Als Material können Sie Kunststofffolie aus dem Bastelgeschäft verwenden. Tapeten haften darauf am besten mit Hilfe eines Sprühklebers. Verteilen sie ihn auf der Folie und der Tapete und verkleben Sie beides miteinander. Und schon ist Ihre individuelle Deko-Idee fertig!

Gestalten Sie mit Mustertapeten Deko-Objekte, Möbel, Bilder oder Geschenke

aus MDF (Mitteldichte Faserplatte) oder Sperrholz sollten Sie mit einem lösemittelfreien Tiefengrund vorbehandeln. Warum? Holz saugt Feuchtigkeit stark auf und verringert die Haftkraft von Kleistern und Klebern. Nach dem Grundieren verkleben Sie die Tapeten mit einem Kleister für Papier- oder Vliestapeten.
Für lackierte oder melaminbeschichtete Möbel verwenden Sie einen speziellen Wandbelagskleber. Er stellt eine starke Verbindung zwischen Untergrund und Tapete her. Den Kleber verteilen Sie mit einem Flachpinsel gleichmäßig auf der Tapetenrückseite. Wichtig ist, dass Sie die Tapete ausreichend und an allen Stellen bestreichen. Zu viel Kleber sollten Sie aber nicht verwenden, weil er sonst während des Anpressens an den Seiten hervorquillt. Im ungünstigsten

MISS DO-IT-YOURSELF RÄT:

Tapeten sauber ankleben

Das Gestalten mit Tapete macht wirklich Spaß, weil es so viele Möglichkeiten gibt. Ich habe zum Beispiel die Schiebetüren meines Wandschranks mit Vliestapete beklebt. Zum Andrücken der Bahnen benutze ich eine weiche Moosgummi-Rolle. Sollte Kleister hervorquellen oder über die Rolle Spuren auf der Tapete hinterlassen, entferne ich ihn sofort mit einem sauberen, trockenen Tuch. Wichtig: Reiben Sie die Flecken nicht weg, sondern tupfen Sie sie vorsichtig ab! Für saubere Kanten, wie bei meinen Schiebetüren, klebe ich die Tapete immer überlappend auf den Untergrund. Mit einem Cuttermesser fahre ich dann langsam an den Kanten entlang und schneide die Tapete ganz gerade ab.

Die Welt der Farben

Erdbeerrot, Limonengrün oder Vanillegelb – schenken Sie Ihren Wänden wunderschöne Farben und lassen Sie sich von der Wirkung bezaubern.

«Sich wohlfühlen» ist das richtige Stichwort, wenn es um die Gestaltung von Wohnräumen geht. Allein durch farbig gestrichene Wände kann sich die Atmosphäre in einem Zimmer komplett ändern – und damit auch Ihre Stimmungen und Gefühle. Sicher haben Sie das schon erlebt: Sie betreten einen Raum und bemerken ein leichtes Unbehagen. Warum, wissen Sie nicht. Bei anderen Räumen das genaue Gegenteil: Sofort fühlen Sie sich hier aufgehoben und richtig wohl. In vielen Fällen sind die Farben dafür verantwortlich, denn sie können viel mehr bewirken, als Sie denken.

Wandfarben verwandeln Räume im Nu – probieren Sie es ruhig aus

DIE RICHTIGE FARBE FINDEN

Grundsätzlich gilt auch bei der Farbwahl: Erlaubt ist, was gefällt! Wenn Sie weiße Wände lieben, dann lassen Sie sie auch weiß. In allen anderen Fällen überlegen Sie zuerst, welche Farbe sie ganz besonders mögen. Stellen Sie sich unbedingt die Frage: Möchte ich diesen Farbton immer um mich haben? Einige Farben gefallen Ihnen vielleicht an Ihrer Handtasche, Kette oder Ihrem Mantel. Ein komplett rosa oder lila gestrichenes Zimmer hat eine ganz andere Wirkung. Falls Ihre Familie oder Ihr Lebenspartner nicht gerade Ihre Vorliebe für Pink oder andere Bonbonfarben teilt, sollten Sie sich vorher absprechen. Finden Sie gemeinsam eine Farblösung, die allen zusagt. Ganz auf Pink oder Himmelblau müssen Sie ja nicht verzichten. Sparsam eingesetzt, zum Beispiel als schmale Streifen oder aufschablonierte Motive, wirkt dieser Farbton weniger knallig und aufdringlich. Bei der Farbwahl spielen auch Möbel, Stoffe und Accessoires eine Rolle. Die Wandgestaltung sollte immer den Wohnstil unterstreichen – nicht mit ihm konkurrieren.

WARME UND KÜHLE FARBEN

Farben nach ihrer Temperatur einzuteilen, ist eine leichte Aufgabe. Bei Rot und Orange, aber auch Gelb wird uns schnell warm ums Herz, weil sie gemütlich und heimelig wirken.

Blau, Grün und Violett zählen zu den kühlen Farben. Sie besitzen erfrischende und beruhigende Eigenschaften.

Rot ist die intensivste aller Farben und symbolisiert Liebe und Feuer. Damit gehört Rot zur Familie der warmen Farben. In Räumen sollten Sie den Ton nur als Akzent einsetzen. Durch ihre aktivierende und anregende Wirkung passt die Farbe gut in den Wohn- und Essbereich.

Gelb erinnert sofort an Sommer, Sonne und Strand. Zimmer, die mit dieser warmen Farbe gestrichen sind, leuchten förmlich und strahlen Fröhlichkeit aus.

Orange gehört natürlich auch zu den warmen Farben. Mischt man Rot und Gelb, entsteht dieser Farbton, der Lebensfreude und Optimismus verbreitet. In Küchen und Esszimmer passt Orange besonders gut.

Blau ist die beliebteste Farbe. Sofort denkt man an einen strahlend blauen Himmel und das Meer. Da es zu den kühlen Farben gehört und auf den Menschen eher beruhigend und ausgleichend wirkt, eignen sich Blautöne für Schlafzimmer und Bäder.

Grün gehört ebenfalls zu den kühlen Farben. Der Ton entsteht, wenn Blau und Gelb miteinander gemischt werden. Mit Grün verbindet man Natur und Leben. In Schlaf- und Kinderzimmern sind Grüntöne sehr willkommen wegen ihrer beruhigenden und entspannenden Wirkung.

Schwarz, Weiß, Grau heißen auch unbunte Töne, weil sie streng genommen keine richtigen Farben sind. Trotzdem spielen sie eine wichtige Rolle. Mit Weiß kann jede Farbe zu einem Pastellton aufgehellt werden, mit Schwarz wird sie entsprechend dunkler. Verschiedene Grauabstufungen entstehen durch das Mischen von Weiß und Schwarz.

RÄUME POSITIV VERÄNDERN

Farben besitzen ein besonderes Talent: Sie können uns täuschen. Vereinfacht ausgedrückt funktioniert unsere Sinneswahrnehmung nach dem Hell-Dunkel-Prinzip. Helle Räume und Flächen erscheinen uns viel größer und weiter als dunkel gestrichene Wohnbereiche. Hier hat man oft das Gefühl, dass die Wände näher rücken und der Raum plötzlich kleiner wird. Den Effekt sollten Sie

Lila, Pink oder Lindgrün – jede Farbe wirkt anders und verändert Ihren Raum

nutzen. Nicht jede Wohnung oder jedes Zimmer besitzt den optimalen Schnitt. Manche Räume sind lang und schmal, andere sind groß mit einer zu niedrigen Decke. An den baulichen Gegebenheiten lässt sich nichts ändern. Trotzdem können Sie etwas tun: Setzen Sie Farben bewusst ein, um die Proportion von Räumen scheinbar zu verändern. Für kleine Zimmer sollten Sie helle Farben wählen. Pastelltöne weiten einen Raum und lassen ihn größer und luftiger erscheinen. Das Gegenteil bewirken dunkle Farben. Streichen Sie beispielsweise die Zimmerdecke in einem dunklen Braun-, Rot- oder Blauton, werden Sie das Gefühl bekommen, dass die Decke stark nach unten drückt. Dieser Effekt kann bei sehr hohen Räumen sinnvoll sein. Bei niedriger Deckenhöhe verzichten Sie besser darauf. Wenn Sie die Wände eines großen Zimmers mit intensiven, dunkleren Farben gestalten, wird sich dieser optisch verkleinern und gemütlicher werden. Bei lang gestreckten Räumen, zum Beispiel Fluren, streichen Sie einfach die Stirnseite dunkel. Dadurch verkürzen sich die langen Seitenwände.

FARBEN PERFEKT KOMBINIEREN

Entscheiden Sie sich für eine knallige oder intensive Farbe, gehen Sie sparsam damit um und streichen Sie besser nur eine Wand. Die übrigen müssen ja nicht weiß bleiben. Wählen Sie zur Hauptfarbe passende, aber dezente Töne aus wie Beige, Creme oder Hellgrau. Besonders harmonisch wirken Räume, wenn sie Ton in Ton gestaltet sind. Pastellgrün passt sehr gut mit einem kräftigen Grünton zusammen. Auch Rotorange, Rot und Rotviolett ergänzen sich. Trauen Sie sich ruhig, eine intensive Farbe zu wählen. Auch Trendfarben laden zum Experimentieren ein. Und wenn Sie sich nach einiger Zeit daran sattgesehen haben – eine Wand ist in null Komma nichts neu gestrichen.

Online-Farbdesigner

Die Farbauswahl ist riesig groß. Wenn Ihnen die Entscheidung nicht leichtfällt, probieren Sie die Wirkung doch mit einem Online-Farbdesigner aus. Per Mausklick lassen sich Wände, Decken, Fußböden und Möbel eines Raums einfärben und verschiedene Kombinationen testen. Bei einigen Programmen können Sie sogar ein Foto des eigenen Wohnzimmers oder der Küche hochladen.

Die Qualität macht's

Gehen Sie beim Streichen keine Kompromisse ein. Nur mit hochwertigen Wandfarben werden Sie hervorragende Ergebnisse erzielen.

Beim Streichen geht es nicht nur um schöne Farben und die richtige Arbeitstechnik, vor allem die Qualität der Wandfarbe muss stimmen. Ob diese hochwertig ist oder nicht, hängt von ihrer Zusammensetzung und den Bestandteilen ab.

WORAUS BESTEHEN FARBEN?

Die übliche Wandfarbe für Innenräume, auch Dispersionsfarbe genannt, beinhaltet Pigmente, Bindemittel, Wasser und sogenannte Additive:

- **Pigmente** verleihen der Farbe ihren Farbton und die Deckkraft. Qualitätsfarben besitzen einen höheren Anteil an hochdeckenden und dauerhaften Pigmenten als preiswerte Produkte. Auch in weißer Wandfarbe sind Pigmente enthalten. Sie bestimmen, wie weiß und deckend die Farbe ist.
- **Bindemittel** sorgen dafür, dass sich die Pigmente zu einem zähen, kontinuierlichen Film binden und dass die Farbe auf der Wandfläche haftet. Qualitativ hochwertige matte Farben haben ein höheres Bindemittel-Pigment-Verhältnis als gewöhnliche matte Farben.
- **Flüssigkeit** ist das Trägermittel für die festen Bestandteile, also Pigmente und Bindemittel. Bei Dispersionsfarben handelt es sich um Wasser,

Farben auf Kunstharzbasis enthalten einen Farbverdünner. Je geringer der Flüssigkeitsanteil, desto besser ist die Wandfarbe.

Additive sollen die Verarbeitung der Farbe verbessern. Diese Zusatzstoffe sorgen dafür, dass sich die Farbe fast ohne Spritzen auftragen und gleichmäßig verstreichen lässt. Preiswerte Farben enthalten deutlich weniger Pigmente. Deshalb decken günstige Produkte in der Regel nicht so gut. Außerdem wird der Farbe manchmal Kreide als Bindemittel zugesetzt. Wenn Sie sich mit einem schwarzen Pullover an eine weiße Wand lehnen und hinterher helle Flecken auf dem Rücken haben, dann ist die Kreide schuld daran.

DISPERSIONSFARBEN

Im Fachjargon bezeichnet man Farben auch als Kunststoffdispersionen oder abgekürzt als Dispersionen. Darunter fallen unterschiedliche Arten, zum Beispiel Innen- und Außenfarbe, Latexfarbe sowie Lacke und Lasuren. Für Wandanstriche in Wohnräumen kommen heute fast ausschließlich Dispersionsfarben auf Wasserbasis zum Einsatz. Diese sind geruchsarm, lassen sich leicht verarbeiten und trocknen schnell. Dennoch können in einigen Produkten sehr geringe Mengen Lösungsmittel und Konservierungsstoffe enthalten sein. Beachten Sie deshalb die Angaben auf den Etiketten sowie Umwelt- und Allergikersiegel. Dispersionsfarben werden in drei Glanzgraden angeboten: matt, seidenmatt und glänzend. Für weniger perfekte Oberflächen eignen sich matte Farben gut, seidenmatte Farben sind unempfindlicher. Noch robustere Eigenschaften besitzen glänzende Farben. Allerdings reflektiert sich bei diesen Anstrichen das Licht, so dass sie viel Aufmerksamkeit auf sich ziehen.

Gute Farben für Allergiker und die Umwelt

Wandfarben können in geringer Menge Lösungsmittel enthalten. Sobald die Farbe trocknet, verdunsten auch diese Stoffe. Viele Produkte enthalten zusätzlich Konservierungsmittel, die eine Farbe haltbarer und resistent gegen Schimmel machen. Für die Mehrheit sind diese Stoffe kein Problem, bei sensibilisierten Menschen oder Allergikern können sie jedoch körperliche Reaktionen auslösen. Speziell für diese Kunden gibt es Farben ohne Lösemittel und Konservierungsstoffe. Sie erkennen solche Produkte an verschiedenen Gütesiegeln, die auf dem Farbeimer abgebildet sind. Das wichtigste und bekannteste ist der «Blaue Engel», der für schadstofffreie oder -arme Produkte steht. Auch der TÜV vergibt Qualitätssiegel, die Unbedenklichkeit für Allergiker garantieren.

Feine, bunte Partikel zaubern die schönsten Farbtöne an Ihre Wände

LATEXFARBEN

Bei Latexfarbe handelt es sich um eine spezielle Dispersionsfarbe für stark beanspruchte Wandflächen wie zum Beispiel in Bädern, Küchen oder Fluren. Die Farbe ist wasserabweisend, scheuerbeständig, sehr strapazierfähig und abriebfest. Flecken und Spritzer lassen sich ganz einfach mit Wasser und einem milden Reinigungsmittel von der Wand abwischen. Obwohl Latexfarben den Untergrund vor eindringendem Wasser schützen, bleiben die Wände trotzdem noch atmungsfähig. Die Wände sind nach einem Anstrich mit Latexfarbe also nicht komplett versiegelt. Für Badezimmer, Küchen und andere Feuchträume gibt es im Baumarkt spezielle Farben, die der Bildung von Schimmel vorbeugen. Diese Produkte finden Sie meist unter der Bezeichnung «Bad- und Küchenfarbe».

STRUKTURFARBEN

Strukturfarben sind im Grunde auch Dispersionsfarben, die zusätzlich feinen Quarzsand oder kleine Kügelchen enthalten. Beim Streichen der Flächen bleiben die Partikel auf der Wand haften und verleihen ihr Struktur. Einsetzbar ist diese spezielle Wandfarbe auf allen saugfähigen Oberflächen wie zum Beispiel unbedruckten Vliestapeten, glatt verputzten Wänden, Gipskarton- und Zementfaserplatten. Zum Auftragen benutzen Sie wie bei anderen Wandfarben auch eine Farbrolle. Bevor Sie mit dem Streichen beginnen, müssen Sie die Farbe kräftig umrühren. Die Sandkörner setzen sich nämlich nach einer gewissen Zeit am Boden des Eimers ab. Neben den dezenten Mustern, die Strukturfarben an Wänden erzeugen, besitzen sie noch einen weiteren Vorteil. Kleine Unebenheiten oder Risse werden von diesen Farben geschickt überdeckt.

ABTÖNFARBEN

Um weiße Dispersionsfarbe einzufärben, benutzt man Abtön- oder Volltonfarben sowie Abtönpasten. Im Baumarkt finden Sie die Produkte abgefüllt in kleinen Flaschen und Tuben. Damit kreieren Sie Ihren ganz persönlichen Lieblingston. Die Abtönfarben lassen sich auch untereinander mischen, so dass Sie unendlich viele Farbvarianten umsetzen können. Eine weiße Wandfarbe verwandelt sich zum Beispiel durch Zugabe von Blau, Rot und Schwarz in einen schönen Lilaton.

EFFEKTFARBEN

Veredeln Sie Ihre neu gestrichenen Wände zum Schluss mit einer sogenannten Effektfarbe. Diese ist in schimmernden Metallic- oder lebendigen Farbtönen erhältlich. In der Farbe befinden sich feine Gold-, Silber- oder Farbpartikel, die Ihren Wänden ein besonders edles Aussehen verleihen. Ein kleines Manko: Durch die glänzenden Effekte treten Unebenheiten der Wand deutlicher hervor! Mit einem Flachpinsel oder Roller tragen Sie die wasserbasierte Effektfarbe dünn auf die Wandfläche auf. Bis eine gleichmäßige Schicht entsteht, können bis zu zwei Anstriche nötig sein.

MISS DO-IT-YOURSELF RÄT:

Setzen Sie Akzente und kombinieren Sie Farben

Bei Farben kann ich mich oft nicht entscheiden, deshalb kombiniere ich sie einfach. Es darf natürlich nicht zu bunt werden. Zum Beispiel habe ich in meinem Wohn-Esszimmer nur eine Wand im knalligen Ton Fuchsia gestrichen. Auf diese Fläche habe ich eine leicht schimmernde Silber-Effektfarbe aufgetragen. Die übrigen Wände erhielten einen Anstrich in einem hellen Sandton. Beide Farben ergänzen sich sehr gut und passen perfekt zu meinem hellen Laminatboden und den weißen Möbeln. Darauf habe ich die Vorhänge und Kissen abgestimmt. Fuchsiafarbene Accessoires runden das gesamte Ambiente ab. Experimentieren Sie ruhig auch einmal mit Farben!

Werkzeuge und **Materialien**

Viele Utensilien brauchen Sie zum Streichen wirklich nicht. Deshalb ist der Einkauf im Baumarkt schnell erledigt und Ihr Geldbeutel wird sich freuen. Und das Beste daran: Bei guter Pflege können Sie die Werkzeuge noch ganz oft benutzen.

Farbrolle und Pinsel sind für das Streichen natürlich unverzichtbar. Kaufen Sie davon jeweils mindestens zwei Exemplare ein. Gönnen Sie sich eine Teleskopstange. Selbst wenn Sie nur die Wände und nicht die Decke streichen wollen, werden Ihre Arme dankbar dafür sein. Bitte denken Sie an eine stabile Leiter – die brauchen Sie auf jeden Fall. Nützlich kann auch ein zusätzlicher Malereimer sein, wenn Sie die Farbe umfüllen müssen. Alle weiteren wichtigen Materialien und Werkzeuge sehen Sie in der Abbildung.

QUALITÄT HAT IHREN PREIS

Haarende Pinsel, fusselnde Rollen, kaum klebendes Malerkrepp und schlecht deckende Farbe – solche Werkzeuge und Materialien machen der Heimwerkerin das Leben nicht gerade leichter. Sparen Sie beim Einkaufen nicht am falschen Ende. Vermeintliche Sonderangebote können sich schnell als Niete entpuppen. Nehmen Sie besonders Sets mit Pinseln und Farbrollen (Plüsch oder Vestan) kritisch unter die Lupe und vergleichen Sie diese mit anderen Produkten. Oft sind die Qualitätsunterschiede schon auf einen Blick erkennbar. Auch beim Kauf von Wandfarbe sollte in Ihnen nicht der Sparfuchs zum Vorschein kommen. Für 10 Liter Qualitätsfarbe müssen

Pinsel und Farbrolle gehören zur Grundausrüstung. Damit ist Ihr Einkaufsbummel aber noch nicht beendet

1 Malerfolie zum Abdecken von Fußböden und Möbeln 2 Malerkreppband zum Abkleben von Decken und Wänden, Fenster- und Türrahmen 3 Farbwanne und Abstreifgitter 4 Rührquirl für die Schlagbohrmaschine zum Mischen von Farbe und Putz 5 Teleskopstange zum Verlängern von Farbrollen 6 Farbrolle aus Lammfell (oder Synthetikfasern wie Polyamid oder Polyacryl) 7 Pinsel mit Naturhaaren zum Vorstreichen von Ecken 8 Spezialrolle zum Auftragen von Streichputzen 9 Flächenpinsel mit Naturborsten 10 Effektpinsel zum Strukturieren von Streichputzen

1
2
3
4
5
6
7
8
9
10
LUX-TOOLS
100 mm

Sie mit 25 bis 40 Euro rechnen. Sicher, das ist viel Geld – vor allem wenn andere Farben nur die Hälfte kosten. Bedenken Sie aber: Billige Farben besitzen oft etwas anders zusammengesetzte Inhaltsstoffe, die sich auf die Deckkraft auswirken können. Falls der zweite Anstrich immer noch nicht deckt, müssen Sie wohl oder übel mehr Farbe kaufen. Das kostet Sie Geld und natürlich mehr Zeit. Investieren Sie lieber in eine hochwertige Farbe, die schon nach dem ersten Anstrich ein deckendes Ergebnis liefert.

QUALITÄTSFARBE ERKENNEN

Wandfarben müssen viel leisten: Sie sollen sich leicht und gleichmäßig auftragen lassen, perfekt decken, die Wände besser schützen und gut zu reinigen sein. Auch der Farbton sollte trotz Lichteinfluss lange erhalten bleiben. Doch eine hochwertige Farbe zu erkennen, ist nicht immer ganz so einfach. Einen entscheidenden Anhaltspunkt gibt das Etikett auf der Rückseite des Farbeimers. Achten Sie unbedingt auf die Bezeichnung der Europäischen Norm. Diese ist als «EN 13300» angegeben. Sie bewertet eine Dispersionsfarbe nach drei Kriterien: ihrer Deckkraft, der Reichweite und ihrer Reinigungsfähigkeit.
Das Deckvermögen einer Wandfarbe wird in vier Klassen eingestuft. Sehr gute Ergebnisse erzielen die Farben der Klasse 1, die auch Ihre erste Wahl sein sollten. Bei diesen Wandanstrichen können Sie davon ausgehen, dass der Anteil an Weiß- oder Farbpigmenten höher ist als bei Produkten der anderen Kategorien. Von Wandfarben der dritten und vierten Klasse sollten Sie besser die Finger lassen. Ein weiteres Qualitätskriterium bei Anstrichmitteln ist ihre Reinigungsfähigkeit. Diese Eigenschaft wird auch Nassabriebbeständigkeit genannt. Gemeint ist damit, wie sich eine gestrichene Wand verhält, wenn sie mit Lappen, Wasser oder sogar Reinigungsmittel abgewischt wird. Flecken und Spritzer an der Wand lassen sich nicht immer vermeiden. Werden sie entfernt, sollte sich die Farbe anschließend immer

noch an der Wand und nicht am Schwamm oder Lappen befinden. Die Reinigungsfähigkeit von Farben unterscheidet sich zum Teil sehr: Einige sind waschbeständig, andere scheuerbeständig, manche keines von beiden. Orientieren können Sie sich wieder an der Angabe der Klasse. Dabei entspricht die erste Klasse der besten Kategorie, die fünfte der schlechtesten. Zu empfehlen sind Wandfarben mit einer Nassabriebbeständigkeit der Klassen 1 und 2. Vor allem für Anstriche in stark beanspruchten Räumen wie zum Beispiel Flur, Bad, Küche und Kinderzimmer greifen Sie zu diesen Produkten.

WIE WEIT DIE FARBE REICHT

Die Reichweite oder Ergiebigkeit sagt aus, wie viele Quadratmeter Wandfläche Sie mit einem Liter Farbe streichen können. Um herauszufinden, ob ein 10-Liter-Eimer für 100 oder doch nur 60 Quadratmeter reicht, werfen Sie einen Blick auf das Etikett. Wichtig dabei ist, dass die Reichweite immer im Zusammenhang mit dem Deckvermögen angegeben sein muss. Nur wenn beide Kriterien erfüllt sind, können Sie die Wandfarbe guten Gewissens in Ihren Einkaufswagen laden.

Wie werden Wandfarben bunt? Nichts leichter als das: einfach mischen

MISS DO-IT-YOURSELF RÄT:

Lassen Sie Wandfarben in Ihrem Lieblingston mischen

Damit weiße Wandfarbe bunt wird, können Sie diese mit Abtönfarben mischen. Verrühren Sie die Farben sehr gründlich miteinander – am besten mit Schlagbohrmaschine und Quirl. Sie sollten den Ton vorher testen, indem Sie ihn an einer später verdeckten Stelle auftragen und trocknen lassen. Eine bequemere Variante ist das Mischen im Baumarkt. Anhand von Farbkarten suchen Sie sich den Ton für Ihre Wand aus, den Rest übernimmt eine Farbmischmaschine. Der große Vorteil: Haben Sie sich bei der Menge verschätzt, können Sie den exakt gleichen Farbton nachkaufen.

So streichen Sie richtig

Das Streichen von Wänden und Decken ist eine der leichtesten Übungen für angehende Heimwerker-Königinnen. Es gibt aber einige Tricks, mit denen es noch besser klappt.

Das häufigste und beliebteste Renovierungsprojekt ist das Streichen. Immerhin geht die Arbeit schnell und einfach von der Hand, und schon nach kurzer Zeit präsentieren sich frisch gestrichene Wohnräume von einer ganz neuen Seite.

VORARBEITEN

Auch beim Streichen sind einige Vorbereitungen nötig. Dass Sie zuerst das Zimmer ausräumen, versteht sich von selbst. Um andere «Kleinigkeiten» müssen Sie sich ebenfalls kümmern. Dazu gehören:

- Wand- und Hängeleuchten sowie Bilder abnehmen
- Abdeckungen von Steckdosen und Lichtschaltern entfernen
- Fußleisten falls möglich abnehmen oder mit Malerkrepp abkleben
- Zimmertüren aushängen oder mit Folie abdecken

Decken und Wände mit Dispersionsfarben gestalten

1

Zuerst ist die Decke dran: Setzen Sie die Rolle an einer Wandseite an und arbeiten Sie bahnenweise.

- Schwere Möbelstücke wie Schränke mit Folie schützen
- Fußboden komplett mit Malerfolie abdecken
- Lose Tapetennähte mit etwas Kleister oder Nahtkleber befestigen
- Bohrlöcher mit Spachtelmasse oder etwas Gips schließen
- Heizkörper herunterdrehen

2

Ist der Anstrich trocken, befestigen Sie an der Decke Malerkrepp. Kleben Sie die Kanten sauber ab.

3

Mit einem Pinsel tragen Sie an der Wand die Farbe auf. Streichen Sie so auch die Raumecken.

4

Die Farbrolle feuchten Sie mit wenig Wasser an, tauchen sie in die Farbe und streifen sie am Gitter ab.

5

Abschnittsweise tragen Sie die Farbe in diagonalen Bahnen auf, danach senkrecht überstreichen.

Wandputz zum Streichen

1

Der gebrauchsfertige Wandputz muss nicht weiß bleiben: Sie können ihn mit Pigmenten einfärben. Geben Sie die gewünschte Menge in den Eimer.

2

Damit sich die Farbpigmente gut verteilen und auflösen, müssen Sie rühren. Verwenden Sie eine Schlagbohrmaschine mit Rührquirl.

3

Wichtig ist, Putz und Pigmente gründlich zu vermischen und die Masse in einen sauberen Eimer umzufüllen – sonst entstehen Streifen an der Wand.

4

Wie eine ganz gewöhnliche Wandfarbe tragen Sie nun den Streichputz auf. Benutzen Sie für die Ecken einen Pinsel und für die Flächen eine Farbrolle.

DAS IST IMMER WICHTIG

Nur auf tapezierten oder verputzten Wänden hält ein Farbanstrich. Bei unbehandelten Flächen müssen Sie vorher unbedingt grundieren, weil der Untergrund sonst zu stark saugt und die Farbe nicht deckt. Vor dem ersten Strich ist kräftiges Rühren angesagt. Mit einem Kunststoff- oder Holzstab mischen Sie die Farbe gut durch. Damit Sie beim Vorstreichen der Ecken und Ränder nicht ständig mit dem Pinsel zum Eimer rennen oder diesen hin- und hertragen müssen, füllen Sie etwas Farbe in die Farbwanne. Sind Sie mit dem Voranstrich fertig, arbeiten Sie mit

5

Wenn Sie mögen, können Sie den noch feuchten Putz mit einem Effektpinsel gestalten.

Vergessen Sie das Spachteln – rollen Sie den Putz auf die Wand

der Farbwalze weiter. Ihre Fasern nehmen die Farbe besser auf, wenn man sie mit Wasser anfeuchtet. Die Betonung liegt auf «feucht», die Rolle darf nicht nass sein. Halten Sie die Walze in den Farbeimer, und streifen Sie überschüssiges Material am Gitter ab. Die Rolle sollten Sie nie ganz in den Eimer tauchen, weil die Walze zu nass wird und es beim Streichen zu stark spritzt. Außerdem verbrauchen Sie zu viel Farbe. Während des Auftragens die Rolle nicht zu trocken werden lassen, sonst nimmt sie die auf die Wand gestrichene Farbe wieder auf und Flecken entstehen.

NEUER ANSTRICH FÜR DECKEN

Mit einem Pinsel streichen Sie zuerst die Ränder der Decke, also die Übergänge zur Wand. Arbeiten Sie nur abschnittsweise, um später sichtbare Ränder zu vermeiden. Damit Sie die Fläche nicht auf der Leiter stehend streichen müssen, benutzen Sie die Teleskopverlängerung. Auf das Ende der Stange stecken Sie den Griff des Farbrollers, und schon kann es losgehen. Fangen Sie immer in einer Ecke an, und streichen Sie längs zum Fenster in Richtung des Lichteinfalls. So lässt sich bei weißer Farbe leichter erkennen, welche Stellen eventuell vergessen wurden. Die Decke unterteilen Sie gedanklich in einzelne Rechtecke, die Sie längs vom Fenster weg streichen. Setzen Sie die Rolle dann noch einmal quer dazu an, um die Farbe zu verteilen und mögliche Ansätze zu vermeiden. So gehen Sie beim Streichen der gesamten Decke vor. Erst wenn die Farbe vollständig getrocknet ist, kann man vergessene Stellen ausfindig machen. Ausbesserungen mit einer kleinen Farbrolle sind später immer noch möglich. Benutzen Sie dafür nicht zu viel Farbe.

FRISCHEKUR FÜR IHRE WÄNDE

Das Streichen der Wände ist einfacher, weil Sie nicht über Kopf arbeiten müssen. Ansonsten gilt hierbei Ähnliches wie für Deckenanstriche. Zuerst müssen Sie die Ecken und die Übergänge zu Decke und Boden mit einem Pinsel vorstreichen. Um die gestrichene Decke nicht mit der bunten Wandfarbe zu beschmutzen, bringen Sie Malerkrepp an. Dazu muss der Deckenanstrich aber vollständig getrocknet sein, sonst hält das Klebeband nicht. Denken Sie daran, auch die Stellen im Bereich der Steckdosen und Lichtschalter mit einem Pinsel vorzustreichen. Sind diese Arbeiten erledigt, setzen Sie die Farbwalze unterhalb der Decke an und rollen sie mit etwas Druck in diagonalen, sich überkreuzenden Bahnen an der Wand entlang. Danach streichen Sie mit der Rolle senkrecht von oben nach unten, damit sich die Farbe gleichmäßig verteilt. Auch hier empfiehlt es sich, abschnittsweise zu arbeiten. **Ein Tipp:** Je langsamer Sie streichen, desto weniger spritzt die Farbe. Um Ansätze zu vermeiden, müssen Sie die Farbe immer «nass in nass» auftragen. Legen Sie also keine längeren Pausen ein, bevor Ihre Wandfläche komplett gestrichen ist.

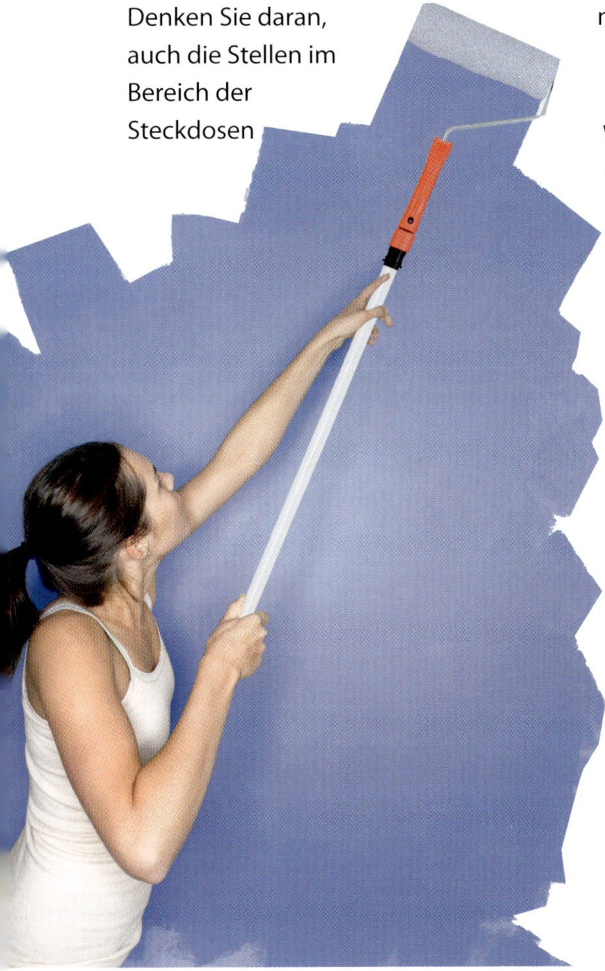

PUTZ ZUM STREICHEN

Neben üblichen Wandfarben gibt es mittlerweile auch Putze, die sich mit einer Farbwalze auftragen lassen. Normalerweise werden Struktur- und Dekorputze mit dem Spachtel auf die Wand gebracht. Selbst für den geübten Heimwerker ist diese Aufgabe eine kleine Herausforderung. Umso schöner, dass es mit den Streich- oder Rollputzen eine Alternative gibt, die sich leicht und schnell umsetzen lässt. Je nach Hersteller kann die Verarbeitung des Putzes variieren. Lesen Sie deshalb vorher die Hinweise auf der Packung und kaufen Sie nur die darauf abgestimmten Zusatzprodukte. Im Handel werden weiße oder farbige Streichputze angeboten. Erhältlich ist auch ein Produkt, das Sie selbst mit Farbpigmenten abtönen können. Die Pigmente lassen sich ganz nach Wunsch verschieden dosieren, so dass die Intensität der Farbe unterschiedlich ausfällt. Beim Abtönen des Streichputzes ist ein kräftiges Umrühren der Masse enorm wichtig. Benutzen Sie zum Mischen einen Rührquirl und eine Schlagbohrmaschine, die Sie auf niedriger Stufe laufen lassen. Das ist fast so, als würden Sie mit dem Handrührgerät einen Kuchenteig durchkneten – nur eben mit etwas größeren Werkzeugen. Weil sich die sehr intensiven Farbpigmente langsamer auflösen, sollten Sie das Rühren nicht zu früh beenden. Haben Sie den Eindruck, dass alle Partikel vollständig gelöst sind, füllen Sie den Putz in einen sauberen Malereimer um. Rühren Sie die Masse noch einmal mit dem Rührquirl durch. Nun können Sie loslegen. Streichen Sie zuerst die Ecken und Ränder mit einem Pinsel vor und arbeiten dann mit der Farbwalze weiter. Dabei entsteht eine gleichmäßige Struktur an den Wänden. Wenn Sie mögen, können Sie die noch feuchte Farbe mit einem speziellen Pinsel gestalten, zum Beispiel durch halbkreisförmige oder sich überkreuzende Bewegungen.

TIPPS FÜR DEN NOTFALL

Farbe deckt schlecht: Die Ursache ist entweder ein unbehandelter, stark saugender Untergrund oder eine minderwertige Wandfarbe. In beiden Fällen hilft nur ein zweiter oder sogar dritter Anstrich. Soll eine sehr dunkle Wandfarbe, zum Beispiel Rot oder Dunkelgrün, überstrichen werden, müssen Sie von vornherein mit zwei Farbaufträgen rechnen. Entscheiden Sie sich in solchen Fällen erst recht für ein Qualitätsprodukt.

Flecken und Streifen: Erscheint die frisch gestrichene und noch feuchte Wand etwas fleckig, brauchen Sie sich erst einmal keine Sorgen zu machen. Nach dem Trocknen verschwinden diese Stellen. Bleiben Streifen und Flecken danach allerdings sichtbar, haben Sie in einigen Bereichen zu viel Farbe aufgetragen oder einzelne Stellen vergessen. Auch hier heißt es nacharbeiten. Streichen Sie noch einmal die gesamte Wandfläche, damit keine neuen Ansätze entstehen können.

Dunkle Ränder: Die Ecken und die Kanten zwischen Wand und Decke können später ein klein wenig dunkler erscheinen als die restlichen Flächen. Das liegt am Vorstreichen dieser Bereiche. Meistens trägt man die Farbe mit dem Pinsel zu dick auf, während mit der Rolle dünnere Schichten entstehen. Achten Sie deshalb beim Streichen der Ecken und Kanten darauf, dass Sie weniger Farbe benutzen und diese sehr gut verstreichen. Möglich ist auch, Ecken und Flächen im Wechsel und in Abschnitten zu streichen, so dass die Farbe an den Rändern noch feucht ist.

Blasen: Wenn sich Blasen auf der Wand bilden, liegt das weniger an der Farbe. Wahrscheinlicher ist, dass die Tapete an einigen Stellen nicht mehr richtig klebt. Nimmt das Wandpapier dann die Feuchtigkeit aus der Farbe auf, hebt es sich an. Sobald der Anstrich getrocknet ist, verschwinden die Blasen wieder. Tapetennähte können Sie ebenfalls lösen. Kleben Sie sie später mit etwas Kleister oder einem Nahtkleber fest.

MISS DO-IT-YOURSELF RÄT:

Reinigen Sie Werkzeuge nach dem Streichen

Hochwertige Farbrollen aus Lammfell, Polyacryl oder Polyamid, aber auch gute Pinsel sind nicht ganz billig. Deshalb empfehle ich, die Farbe nach dem Streichen sofort auszuwaschen. Gereinigte Rollen und Pinsel lassen Sie am besten hängend trocknen. Bei der nächsten Renovierung können Sie die Werkzeuge wiederverwenden und sparen so auf Dauer jede Menge Geld und Material.

Kreative Idee: **Schablonen**

Streifen, Quadrate oder Blütenranken – mit Farbe können Sie richtig kreativ werden. Ausgefallene Muster erhalten Sie mit Schablonen. Diese geben Ihren Wänden den Kick.

Ihr frisch gestrichenes Wohn- oder Esszimmer erstrahlt in neuem Glanz. Sie sind mit dem Ergebnis sehr zufrieden, vermissen aber noch das i-Tüpfelchen. Wie wäre es zum Beispiel mit floralen Motiven, die an der Wand entlangwachsen? Oder mögen Sie es lieber grafisch? Dann werden Ihnen geometrische Formen bestimmt gefallen. Mit Schablonen gelingt die Krönung Ihrer Wände garantiert.

Wenn Sie sich auf die Suche nach Schablonen begeben, können Sie als Erstes im Baumarkt stöbern. Dort gibt es verschiedene Motive. Falls Sie sich jedoch etwas ganz Besonderes und Ausgefallenes wünschen, werden Sie im Internet fündig. Einige Online-Shops haben sich auf Wandschablonen und -tattoos spezialisiert. Individualisten basteln natürlich ihre eigenen Schablonen.

Damit die Muster sauber an die Wand kommen, verwenden Sie Pinsel zum Schablonieren oder Stupfen. Sie besitzen kurze, dichtgebundene Borsten. Als Werkzeug eignet sich auch ein klein geschnittener Synthetikschwamm oder ein Stoffballen.

SO SCHABLONIEREN SIE

Nachdem Sie eine Stelle für Ihr Farbmuster ausgesucht haben, richten Sie die Schablone an der Wand aus. Eine kleine Wasserwaage kann dabei helfen. Befestigen Sie nun die Ränder der Folie mit Malerkreppband. Die Schablone muss ganz glatt auf der Wand aufliegen, sonst läuft Farbe darunter und die Muster sehen etwas schief aus.
Beim Ausmalen verfahren Sie nach dem Prinzip «So wenig Farbe wie möglich, so viel wie nötig». Mit dem Pinsel oder dem Schwamm nehmen Sie etwas Farbe auf und füllen damit den frei liegenden Bereich der Wand aus. Dabei sollten Sie nur tupfen, nicht streichen oder wischen. Für größere Motive gilt das natürlich nicht – die Arbeit würde viel zu lange dauern. Tupfen Sie die Farbe bloß an den Schablonenrändern auf. In der Mitte können Sie eine kurze, schmale Lammfell- oder Schaumstoffrolle oder einen Pinsel benutzen.

Schablonieren **Sie benötigen eine gekaufte oder gebastelte Schablone, Malerkrepp, Farbe und einen Schablonier- oder Stupfpinsel. Die Vorlage befestigen Sie mit dem Kreppband und tragen die Farbe vorsichtig auf.**

MISS DO-IT-YOURSELF RÄT:

Basteln Sie Ihre Schablonen einfach selbst

Vorlagen zum Schablonieren lassen sich auch selbst gestalten. Suchen Sie sich dafür ein Motiv aus und vergrößern es am Kopiergerät. Über die Papiervorlage legen Sie eine transparente Bastel- oder Maskierfolie. An den Kanten des durchscheinenden Motivs ritzen Sie die Folie mit einem kleinen Skalpell- oder Cuttermesser ein.

Fantastische **Fliesen**

Fliesen verwandeln Wände und Böden in traumhafte Flächen, die wie farbige Seide leuchten, wie Edelsteine funkeln oder wie Gold und Silber glänzen.

Im Bad und in der Küche sind Fliesen in erster Linie praktisch: Sie lassen sich gut reinigen, auch wenn mal etwas danebengeht, und zeichnen sich durch Robustheit aus. Doch in den Kacheln steckt mehr als nur der nützliche Wand- und Bodenbelag. Eine schier unglaubliche Vielfalt an Farben, Mustern, Formaten und Strukturen haben heutige Fliesen zu bieten. Damit verwandeln die kleinen Design-Talente selbst das tristeste Zimmer in einen traumhaften Raum, den Sie am liebsten nicht mehr verlassen wollen.

DIE SCHÖNSTEN DEKORE

Fliesen eilt immer noch der Ruf voraus, ein kalter und klinischer Belag zu sein. Schade, denn die vielseitigen Dekore sprechen eine ganz andere Sprache. Glatte, glänzende Oberflächen wirken erstaunlich schick. Aber auch matte Fliesen müssen sich nicht verstecken. Sie bestechen durch ihre Farben, die von zartem Cremeweiß und warmem Cashmeregelb bis hin zu frischem Bambusgrün und intensivem Karminrot reichen. Mit Ornamenten, Gräsern und Blüten bedruckte Exemplare haben rein optisch kaum etwas mit den einstigen Fliesenbelägen zu tun. Sie verleihen Wänden ein elegantes und edles Erscheinungsbild. Besonders prächtige Flächen entstehen durch metallisch schimmernde Partikel, die in die Keramik oder die Glasur eingearbeitet wurden. Den Herstellern sind all diese Effekte längst nicht genug, so dass man heute sogar Fliesen mit feinen Rillen, reliefartigen Strukturen oder eingeprägten Mustern kaufen kann. Damit sind Fliesen kein Material mehr, das nur in sehr beanspruchten Räumen wie Bädern, Fluren und Küchen zu finden ist. Immer öfter werden sie zur Wandgestaltung in Wohnbereichen eingesetzt.

VON WINZIG BIS RIESIG

Neben den vielen Dekoren sind Fliesen natürlich auch in verschiedenen Größen und Formaten erhältlich. Winzige Mosaiksteinchen tummeln sich an Wänden, in Nischen und Mauervorsprüngen, wo sie zu einem spannenden Hingucker werden. Quadratische Kacheln beleben Wände und Böden gleichermaßen, ohne dabei kleinkariert zu wirken. Und große rechteckige Platten verleihen Räumen eine ordentliche Portion Eleganz – egal, ob sie am Fußboden verlegt oder an den Wandflächen verklebt worden sind. Die unterschiedlichen Formate machen einfach Lust auf kreative Gestaltungsexperimente. Kombinationsmöglichkeiten gibt es auf jeden Fall genug. Für die Platzierung gelten jedoch ein paar Grundregeln.

WUNDERBARES RAUMGEFÜHL

Kleine und große Fliesen lassen sich hervorragend kombinieren. Hierbei kommt es aber darauf an, welche und wie viele verschiedene Formate, Größen und Farben Sie einsetzen wollen. Generell sollten Sie der Devise folgen: Weniger ist mehr.
Um die Wirkung von Wohnräumen zu optimieren, bieten sich zahlreiche Möglichkeiten. Farben spielen in diesem Zusammenhang eine sehr wichtige Rolle. Ein natürliches Raumgefühl entsteht beim Betrachter, wenn der Fußboden dunkler als die Wände und die Decke ist.
Bei Räumen, die wenig Platz bieten, sollten Sie sich für eine klare Gestaltung entscheiden. Mit großformatigen, hellen Fliesen gewinnen kleine Zimmer deutlich an Größe und Weite. Verstärken lässt sich die Wirkung

Fotodruck für Fliesen

Was bei Tapeten längst gang und gäbe ist, klappt auch bei Fliesen. Auf den keramischen Kacheln lassen sich nämlich Fotomotive verewigen. Unterteilt in verschiedene Abschnitte wird das Bild auf mehrere Fliesen gedruckt bzw. eingebrannt. Sobald die Kacheln an der Wand kleben, erscheint das Motiv in seiner ganzen Pracht. Preiswert ist das Vergnügen nicht, dafür hängen Ihre ganz persönlichen Fliesen an den Wänden.

durch Farb- und Kontrastwechsel, die für mehr Tiefe sorgen. Längliche Platten quer zu verlegen ist sinnvoll, um ein kurzes Zimmer optisch zu strecken oder einen schmalen Raum zu verbreitern. Auch versetzt angeordnete Fliesen mit einem weitmaschigen Fugenbild lassen Wohnbereiche deutlich geräumiger erscheinen. Dagegen schrumpft ein Zimmer, wenn kleine Fliesenformate verarbeitet werden und dadurch ein dichtes, geradliniges Fugennetz entsteht. Beeinflussen kann man kleine

Ihre neuen Mitbewohner haben Eleganz und Glamour im Gepäck

Räume mit niedrigen Decken, indem man rechteckige Wandfliesen und Bordüren einfach senkrecht verklebt. Besonders stimmungsvoll und spannungsreich wirken hervorgehobene Bereiche. Das können beispielsweise ein Fliesenspiegel in der Küche, eine Waschtischablage im Bad oder eine Wandnische im Wohnzimmer sein.

In Kombination mit einfarbigen Grundfliesen entstehen durch bunte Mosaike, glitzernde Steinchen oder gemusterte Bordüren kleine Highlights, die einem Raum das gewisse Etwas verleihen. Diagonal verlegte Bodenfliesen verleihen einem Zimmer ebenfalls mehr Spannung und Dynamik.

Willkommen im **Fliesenparadies**

Fliesen sind als Beläge perfekt, denn sie eignen sich für Wände und Böden, für drinnen und draußen. Unterschiede bei Steingut, Feinsteinzeug und Glasmosaik gibt es aber schon.

Perfekte Beläge sind belastbar, kratz- und stoßfest sowie leicht zu reinigen – und sie sehen fantastisch aus. Fliesen bringen all diese Eigenschaften mit, auch wenn es dabei kleine Unterschiede gibt.
Bei Wandfliesen stehen optische Aspekte im Vordergrund und weniger die Belastbarkeit, weil sie längst nicht so beansprucht werden wie Bodenplatten. Diese wiederum müssen extrem hart, stabil und schlagfest sein, damit die Fliese nicht sofort zerspringt oder platzt, sobald ein Gegenstand zu Boden fällt. Und selbst für Außenbereiche wie Terrassen und Balkone gibt es spezielle Sorten.

FLIESEN AUS KERAMIK

Wenn man von Keramikfliesen spricht, weiß jeder, was gemeint ist. Trotzdem wird die Bezeichnung oft missverständlich gebraucht. Genau genommen handelt es sich um einen

Oberbegriff, der drei wichtige Fliesenarten umfasst:

- **Steingut:** Fliesen aus Steingut haben bei der Wandgestaltung in Wohnräumen ihren großen Auftritt. Dafür wird das Material bei etwa 1.000 Grad Celsius gebrannt. Es ist nicht sehr hart und lässt sich deshalb gut mit verschiedenen Werkzeugen bearbeiten. Nach dem Brennen erhalten die Fliesen einen farbigen Überzug aus flüssiger Glasur. Durch besondere Verfahren sind auch verschiedene Muster in der Oberfläche möglich. Weil Steingut nicht frostfest ist, dürfen diese Fliesen nur im Innenbereich zum Einsatz kommen.
- **Steinzeug:** Im Gegensatz zum Steingut werden diese Fliesen bei höheren Temperaturen gebrannt, genauer gesagt zwischen etwa 1.000 und 1.300 Grad Celsius. Dadurch ist das Material deutlich stabiler. Aus diesem Grund sind Steinzeugfliesen nicht nur für den Einsatz an Wänden gedacht, sondern auch als Belag für den Boden. Die höhere Dichte des Materials macht Steinzeug im Vergleich zu Steingut sogar frostbeständig, weshalb man es oft in Außenbereichen findet. Je nach Sortiment kann man Fliesen mit oder ohne glasierte Oberfläche kaufen.
- **Feinsteinzeug:** Noch robuster sind Feinsteinzeugfliesen. Sie enthalten extrem feines Mineralpulver mit hohen Anteilen an Quarz und Feldspaten bzw. Silikat-Mineralen, das bei einer Brenntemperatur von etwa 1.200 Grad Celsius zu Platten gepresst wird. Eine hohe Festigkeit und Beständigkeit gegenüber Verschleiß und Flecken zeichnet die Fliesen aus.

MISS DO-IT-YOURSELF RÄT:

Täuschen Sie mit Keramikfliesen Naturstein vor

Ich liebe Wände, die mit Naturstein verkleidet sind. Dadurch sehen Räume sehr edel, aber trotzdem natürlich aus. Leider sind diese schicken Platten nicht ganz billig. Allen, die ihren Geldbeutel schonen müssen, empfehle ich deshalb Keramikfliesen im Naturstein-Look. Die Oberflächen sind so perfekt gestaltet, dass sie sich optisch kaum von ihren Vorbildern unterscheiden.

Erhältlich ist Feinsteinzeug in verschiedenen Ausführungen: Sie können zwischen unglasierten, polierten und glasierten Platten wählen.

TERRAKOTTA UND NATURSTEIN

Bodenbeläge aus Naturmaterialien sind sehr beliebt, zum Beispiel Terrakotta-Fliesen. Sie werden aus Ton, Kalk und feinem Quarz hergestellt. In den frischen Teig lassen sich auch Reliefs oder Muster eindrücken. Die typische rötliche Färbung entwickelt sich beim Brennen des Teiges. Stahlbürsten, mit denen die glatten Fliesen zum Schluss bearbeitet werden, sorgen für eine raue Oberfläche. Granit, Marmor, Kalk- und Sandstein, Schiefer, Basalt und Travertin sind einige beliebte Gesteinsarten, die zu Fliesen und Platten verarbeitet werden. Harte Steine lassen sich gut schleifen und polieren, wodurch hochglänzende Flächen entstehen. Eine spezielle Imprägnierung macht Natursteinfliesen äußerst unempfindlich gegenüber Flecken und Wasser.

STEINCHEN UND STÄBCHEN

Mosaikfliesen und Marmorstäbchen haben eines gemeinsam: Sie werden auf einem Trägernetz verklebt geliefert. Das vereinfacht das Verlegen der kleinen Elemente und spart Zeit beim Arbeiten, weil man die Trägermatte nur noch in den aufgetragenen Fliesenkleber zu setzen braucht. Während die Stäbchen in einem unregelmäßigen Verband, also mit versetzten Kanten und Fugen, auf das Netz gebracht werden, sind die kleinen Fliesen gleichmäßig verteilt. Hier hat man die Wahl zwischen den üblichen quadratischen Steinchen oder etwas ausgefalleneren runden Mosaiken. Angesichts des breit gefächerten Angebots kann die Entscheidung mitunter länger dauern: Keramikfliesen in allen denkbaren Farben, bunt leuchtende Glassteine oder mit Metall- und Glitzerpartikeln veredelte Oberflächen bieten viel Gestaltungsspielraum. Vielfältig sind auch die Marmorstäbchen, deren Farbpalette von hellen

Nie mehr kalte Füße mit Bodenheizung

Es liegt in der Natur der Sache, dass Fliesen aus Keramik oder Glas kälter sind als Teppiche aus Natur- oder Synthetikfasern. Kalte Füße brauchen Sie trotzdem nicht bekommen. Ist in Ihrer Wohnung eine Fußbodenheizung verlegt, lässt sich der Boden problemlos mit Steinzeug und Feinsteinzeug verfliesen. Nötig sind jedoch spezielle Kleber und Fugenmörtel mit Kunststoffanteilen. Sie gleichen Spannungen aus, die durch die Wärme entstehen.

Cremetönen über rötliche, bläuliche und grünliche Einfärbungen bis hin zu verschiedenen Grau- und Anthrazittönen reicht.

BORDÜREN ZUR ZIERDE

Um große geflieste Wand- und Bodenflächen zu strukturieren und lebendiger zu gestalten, bieten viele Hersteller passend zu den Fliesendekoren farbige und gemusterte Bordüren an. Dabei handelt es sich meistens um glasierte Keramik. Auch Naturstein, Glas und Mosaik sind in Bordürenform erhältlich.

Die Standardlänge der Schmuckfliesen liegt bei 20 Zentimetern. Manchmal wachsen die Bordüren aber über sich hinaus und sind dann doppelt so lang. In der Höhe variieren sie zwischen zwei und zehn Zentimetern.

Glänzend oder matt, kurz oder lang, rund oder eckig – hier herrscht Vielfalt

Werkzeuge und **Materialien**

Selbst wenn Sie nur einen Küchenspiegel oder andere kleine Flächen umgestalten, halten Sie nach Qualitätsprodukten Ausschau. Sie vereinfachen das Fliesenlegen.

Nehmen Sie sich für den Einkauf etwas Zeit. Nicht immer lässt sich nämlich auf den ersten Blick erkennen, ob man gerade ein Qualitäts- oder Billigwerkzeug in den Händen hält. Besondere Aufmerksamkeit sollten Sie dem Fliesenschneider schenken. Sehen Sie sich die verschiedenen Modelle ruhig genauer an und vergleichen sie deren Verarbeitung und Handhabung.

QUALITÄT IST STEINHART

Je härter eine Fliese, desto robuster und haltbarer zeigt sie sich beim täglichen Gebrauch. Vergleichbar mit anderen Materialien gibt es bei Fliesen eine Klassifizierung in die sogenannten Abriebgruppen. Fliesen der Gruppe 1 kommen heute fast ausschließlich an Wänden zum Einsatz, da sie als Bodenbelag sehr empfindlich sind. Dagegen eignen sich Fliesen der Abriebgruppen 2 bis 5 gut für Fußböden. Bei ihrer Einteilung spielt allerdings der Grad der Nutzung eine wichtige Rolle. Fliesen der Gruppe 2 sollten Sie nur in Wohnbereichen verlegen, die leicht beansprucht werden. Dazu zählen Wohn- und Schlafzimmer, aber auch Bäder. Für Küchen, Flure, Treppen und Balkone wählen Sie besser die Abriebgruppe 3, die auch kratzender Verschmutzung standhält. Fliesen der Gruppe 4 sind im privaten Bereich für die starke Beanspruchung auf Terrassen und in Eingangsbereichen gedacht. In gewerblich genutzten Objekten wird die Abriebgruppe 5 verwendet. Ganz wichtig: Beachten Sie beim Einkauf die auf den Paketen angegebenen Seriennummern. Diese müssen identisch sein, sonst haben Sie zwar das gleiche Fliesendekor eingekauft, aber die Farben können leicht voneinander abweichen. Ähnlich wie bei Tapeten entstehen diese Unterschiede durch mehrere Produktionsserien.

DIE RICHTIGE MENGE

Um die Fliesenmenge zu berechnen, müssen Sie erst einmal wissen, wie groß die zu fliesende Fläche ist. Bestimmen Sie die Quadratmeterzahl, indem

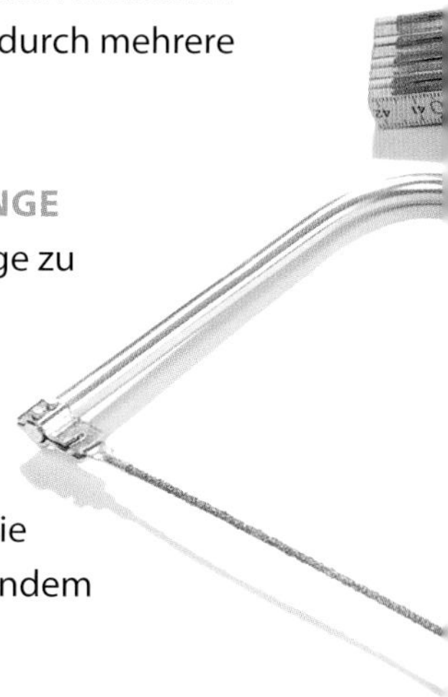

Werkzeuge zum Bearbeiten von Fliesen:
1 Fliesenschneider zum Teilen größerer Fliesen 2 Bohrkrone mit 3 unterschiedlich großen Diamant-Aufsätzen zum Bohren von Löchern 4 Zollstock 5 Bleistift 6 Fliesensäge für kleine Ausschnitte (z. B. Steckdosen) 7 Cuttermesser 8 Papageienzange zum Bearbeiten von Rundungen (z. B. bei Rohren) 9 Fliesenhammer

1
2
3
4
5
6
7
8
9

Werkzeuge zum Verlegen von Fliesen:
1 Wasserwaage zum Markieren der ersten Fliesenreihe 2 Zahnkelle zum Auftragen des Klebers (6- und 8-mm-Zahnung für kleine und mittlere Fliesen) oder als Alternative: 3 Zahnspachtel aus Kunststoff 4 Fliesenkreuze als Abstandhalter 5 Kelle zum Umrühren und Aufnehmen des Fliesenklebers 6 Gummihammer zum leichten Anklopfen der verklebten Fliesen 7 Fuggummi zum Auftragen der Fugenmasse 8 Schwammbrett zum Reinigen der gefliesten Flächen 9 Silikonkartusche mit Pistole zum Abdichten von Ecken und Rändern

Sie die Länge und die Breite bzw. die Höhe miteinander multiplizieren. Wie viele Einzelfliesen Sie tatsächlich benötigen, hängt letzten Endes von deren Größe ab. Da Fliesen meistens nur paketweise verkauft werden, orientieren Sie sich an der Quadratmeterzahl. Planen Sie immer genug Material ein. Als Faustregel gilt, dass man auf die berechnete Menge noch einmal 5 Prozent für den Verschnitt sowie 5 Prozent als Materialreserve aufschlägt. Damit sollten Sie auf jeden Fall auskommen, selbst wenn die eine oder andere Fliese beim Schneiden zu Bruch geht. Bleibt am Ende ein ungeöffnetes Paket übrig, können Sie dieses in den Baumarkt zurückbringen.

Welcher Fliesenkleber eignet sich wofür?

Standardkleber sind zementgebunden und für alle starren Untergründe (z. B. Beton oder Kalkzementputz) geeignet. Diese Kleber kosten relativ wenig.

Dispersionskleber werden gebrauchsfertig geliefert und haften schon direkt nach dem Auftragen sehr gut. Allerdings sind sie selten frostbeständig.

Flexible Kleber enthalten Kunststoffe. Sie verhindern, dass der Fliesenbelag bei Schwingungen «arbeitender» Untergründe (z. B. Gipskarton) reißt.

Natursteinkleber müssen für Platten aus Naturstein (z. B. Granit oder Marmor) verwendet werden. Ansonsten können sich die Fliesen verfärben.

KLEBER UND MÖRTEL

Über den Erfolg Ihres Renovierungsprojektes entscheidet auch der richtige Fliesenkleber, der bestimmte Anforderungen erfüllen muss. Je nachdem, wo die Kacheln eingesetzt werden sollen, um welchen Untergrund und welche Fliesenart es sich handelt, wählen Sie den Kleber aus. So können Sie durchaus einen preiswerten Standardkleber verwenden, um Fliesen an starren Wänden und Böden zu verlegen. Flexible Untergründe benötigen hingegen einen flexiblen Kleber. Dieser kommt auch bei integrierten Bodenheizungen zum Einsatz, weil er Temperaturschwankungen ausgleichen kann. Komfortabler, aber etwas teurer sind Dispersionskleber. Im Gegensatz zu den pulverförmigen Klebern handelt es sich dabei um bereits fertig angemischte Produkte, die sich sofort verarbeiten lassen.

Nach dem Fliesenlegen folgt das Verfugen. Dafür benötigen Sie einen Fugenmörtel, mit dem Sie die schmalen Abstände zwischen den einzelnen Fliesen schließen. Mörtel sind entweder zementgebunden oder kunststoffvergütet und somit flexibel. Haben Sie für einen beweglichen Untergrund einen Flexkleber verwendet, sollten Sie einen entsprechenden Mörtel wählen. Passend zur Fliese können Sie sich die Farbe aussuchen, zum Beispiel Weiß, Beige oder Grau. Für Marmor- und Natursteinplatten gibt es einen speziellen Fugenmörtel, der die Fliesen nicht verfärbt.

Küchenspiegel verfliesen

Soßenflecken und Spritzwasser machen der Wand hinter dem Kochfeld und der Spüle zu schaffen? Zögern Sie nicht lange und verkleben Sie dort robuste Fliesen.

Einen kompletten Fußboden oder gar ein ganzes Badezimmer zu fliesen, ist natürlich etwas völlig anderes, als nur kleine Akzente zu setzen oder den Fliesenspiegel in der Küche zu erneuern. Nehmen Sie sich am Anfang unbedingt ein überschaubares Projekt vor. Wenn Sie Ihre Liebe zum Fliesenlegen dann entdeckt haben, machen Sie gern weiter im Bad, in der Küche, im Flur, auf dem Balkon oder auf der Terrasse.

VORARBEITEN

Man kann es nicht oft genug wiederholen: Ein tragfähiger, trockener und nicht saugender Untergrund ist das A und O jeder Wandgestaltung.
Das erledigen Sie vor dem Verfliesen:

- Steckdosenrahmen abnehmen
- Alte Wandbeläge entfernen
- Löcher und Risse verspachteln
- Böden oder Schränke abdecken
- Tiefengrundierung auftragen

So halten die Fliesen an der Wand

Vor dem Verfliesen erhält die Wand eine Behandlung mit Tiefengrund.

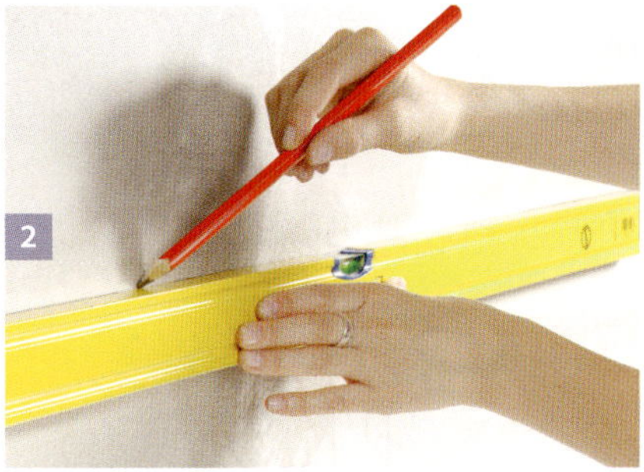

Zeichnen Sie eine waagerechte Linie für die erste Fliesenreihe an.

Mit der Kelle geben Sie den Kleber portionsweise auf die Zahnkelle.

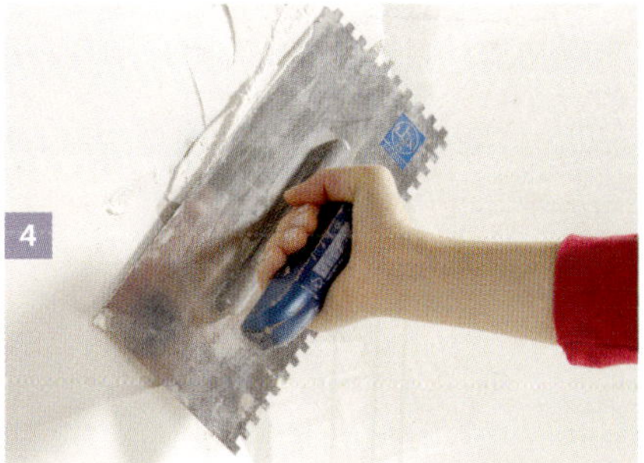

Verteilen Sie den Fliesenkleber abschnittsweise auf der Wand.

Danach durchkämmen Sie den Kleber mit den Zähnen der Kelle.

Kleben Sie die Fliesen einzeln oder auf einem Netz an die Wand.

Kreuze sorgen für den gleichen Fugenabstand zwischen den Fliesen.

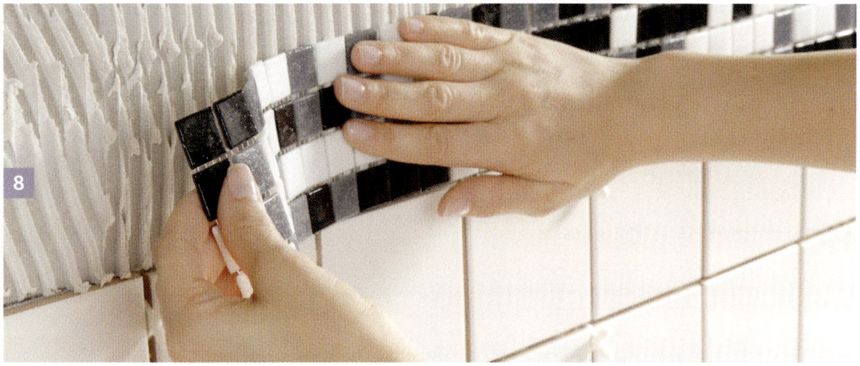

8 Oberhalb der Fliesen können Sie eine Mosaikbordüre verkleben, bevor Sie darüber weitere Reihen verlegen.

9 Ist der Fliesenkleber getrocknet, setzen Sie den Fugenmörtel an.

10 Mit dem Fuggummi schlämmen Sie den Mörtel in die Fliesen.

11 Sobald der Mörtel antrocknet, wird er mit dem Schwammbrett entfernt.

12 Ein Zementschleier-Entferner beseitigt die Mörtelschlieren.

FLIESE FÜR FLIESE

Haben Sie die Wand mit Tiefen- oder Sperrgrund behandelt, zeichnen Sie mit Wasserwaage und Bleistift eine waagerechte Linie an. Sie dient als Ansatz für die erste Fliesenreihe bzw. als Orientierungskante für die oberste Reihe. Eine senkrechte Markierung an der Wandmitte ist ebenfalls nötig, da Fliesen immer von dieser Linie ausgehend nach rechts und links verlegt werden. Der Grund: Wenn Sie an einer Seite beginnen, müssen Sie auf der anderen aller Wahrscheinlichkeit nach geschnittene Fliesen anbringen. Aus optischen Gründen achtet man deshalb auf Symmetrie, selbst wenn die Kacheln dann an beiden Wandseiten geschnitten werden müssen. Falls Sie zwischen die Fliesen eine Bordüre

setzen wollen, sollten Sie diese Stelle vorab ebenfalls anzeichnen. Legen Sie die Fliesen vorher einmal probeweise aus, um ein passendes und schönes Muster zu finden.
Nun können Sie mit dem Auftragen des Klebers beginnen. Verrühren Sie ihn noch einmal kräftig mit der Kelle und geben Sie eine große Portion Kleber auf die Rückseite der Zahnkelle. An der mittig markierten Linie setzen Sie den Spachtel mit der geraden Kante leicht schräg an. Üben Sie etwas Druck aus, um die Masse möglichst gleichmäßig auf die Fläche zu ziehen. Den Kleber sollten Sie immer nur in Abschnitten auftragen. Es kann sonst passieren, dass er bereits angetrocknet ist, bevor Sie die Fliesen verlegt haben. Die Kleberfläche durchkämmen Sie anschließend mit Zahnkelle oder -spachtel. Nur durch gleichmäßig gezogene Stege können die Fliesen an der Wand halten.
Für einen Küchenspiegel verwendet man in der Regel kleinformatige Keramik- oder Mosaikfliesen. Dabei sind mehrere Einzelfliesen auf einem Papierträger oder einem Kunststoffnetz angebracht, das sich direkt in den Kleber setzen lässt. Schieben Sie die Kacheln in Position und drücken Sie sie an, damit die Rückseite gut am Kleber haftet. Auf diese Weise verlegen Sie die Matten von oben nach unten. Dazwischen stecken Sie die Fliesenkreuze, die für einen einheitlichen Abstand sorgen. Die Fugen dürfen auf keinen Fall größer als diejenigen sein, die durch die Fliesenmatten vorgegeben sind.
Ein gelegentlicher Blick auf die Wasserwaage garantiert Ihnen, dass die Kacheln nicht auf die schiefe Bahn geraten. Solange der Kleber feucht genug ist, lassen sich noch kleine Korrekturen vornehmen.

GLEICHMÄSSIGE FÜLLUNG

Die Fliesen kleben an der Wand, fertig sind Sie aber noch nicht. Denn die Fugen zwischen den Kacheln wollen gefüllt werden. Warten Sie damit 24 Stunden, bis der Kleber ausreichend

MISS DO-IT-YOURSELF RÄT:

Sparen Sie Zeit mit gebrauchsfertigem Kleber

Normalerweise setzt man den pulverförmigen Fliesenkleber mit Wasser an und verrührt ihn zu einer gleichmäßigen, zähen Masse. Diese Arbeit können Sie sich mit fertigem Dispersionsfliesenkleber sparen. Ich greife immer dann auf ein solches Fertigprodukt zurück, wenn ich nur kleine Flächen verfliesen oder kaputte Fliesen austauschen will. Erstens spare ich dadurch Zeit, und zweitens entsteht so gut wie kein Schmutz. Praktisch ist auch, dass man den Fliesenkleber in unterschiedlichen Mengen kaufen kann – von der kleinen Dose bis zum großen Eimer. Bei umfangreichen Flächen oder einer kompletten Badrenovierung würde ich nicht unbedingt zum Dispersionskleber raten – im Vergleich zu den Standardklebern ist er nämlich teurer.

Fliesen mit Werkzeugen bearbeiten

Fliesenschneider Ein scharfes Rädchen ritzt die Glasur an, danach lässt sich die Fliese brechen.

Papageienzange Damit können Kanten Stück für Stück abgeknipst werden, etwa für Rohranschlüsse.

Bohrkrone In die Schlagbohrmaschine wird die Bohrkrone mit dem passenden Diamantaufsatz eingesetzt. Dann langsam ein Loch bohren.

Lochboy und Fliesenhammer Die Fliese wird in den Lochboy gespannt. Durch die Öffnung schlägt man mit dem Hammer, bis die Fliese bricht.

getrocknet ist. Danach rühren Sie den Fugenmörtel wie auf der Verpackung beschrieben mit Wasser an und lassen ihn kurz ruhen. Mit dem Fuggummi verteilen Sie die Masse, deren Konsistenz an Quark erinnert, auf den Fliesen. Wischen Sie mit dem Werkzeug mehrmals diagonal über die geflieste Fläche, damit sich der Mörtel in den Fugen ausbreiten kann. Überschüssiges Material nehmen Sie zum Schluss ab. Erst wenn der Mörtel nach etwa 15 Minuten leicht angetrocknet ist, wischen Sie die Fliesen mit dem Schwammbrett ab. Dieses tauchen Sie in einen Eimer mit Wasser, drücken es aus, reiben damit über die Fliesen und waschen den Schwamm aus. Um die Flächen zu reinigen, sind mehrere Arbeitsgänge nötig. Ein anschließender leichter Grauschleier auf den Fliesen ist völlig normal. Nach ein paar Tagen beseitigen Sie ihn mit Spülwasser oder Zementschleier-Entferner.

SCHNEIDEN, SCHLAGEN, BOHREN

Beim Verfliesen eines Küchenspiegels werden Sie die einzelnen Kacheln nur selten mit Papageienzange, Fliesenhammer oder Lochboy bearbeiten müssen. Die Kacheln an den Wandseiten kürzen Sie mit einem Fliesenschneider. Über einen Hebel, der in einer Laufschiene geführt wird, lässt sich das scharfe Schneidrad am unteren Ende vor- und zurückbewegen. Zuerst richten Sie den Anschlag mit Millimeter-Skala auf das benötigte Maß aus und legen die Kachel mit der glasierten Fläche nach oben ein. An der hinteren bzw. Ihrem Körper zugewandten Seite der Fliese setzen Sie nun das Rädchen an. Schieben Sie den Hebel mit dem Schneidrad kräftig über die Fliese. Ist die Glasur ausreichend angeritzt, legen Sie die Kachel an einer geraden Kante an und brechen sie durch. Rohre oder andere Sanitäranschlüsse sollten Ihnen beim Verlegen der Fliesen nicht in die Quere kommen. Anders sieht es mit Steckdosen aus, die sich immer in diesen Bereichen befinden. Um die nötigen Ausschnitte gut hinzubekommen, messen Sie erst einmal die Abstände aus und markieren sie auf der Fliese. Je nachdem, wie klein oder groß die Aussparung ausfällt, wählen Sie

Die Samthandschuhe brauchen Sie nicht auszupacken. Bearbeiten Sie Fliesen trotzdem immer mit Gefühl

das Werkzeug. Die Papageienzange benutzen Sie eher für kleine Partien am Rand. Öffnungen in der Fliesenmitte realisieren Sie entweder mit Lochboy und Fliesenhammer oder mit Bohrkrone und -maschine.

TIPPS FÜR DEN NOTFALL

Fliesen brechen: Das Zuschneiden von Fliesen klappt häufig nicht auf Anhieb. Meistens braucht man einige Versuche, um die richtige Technik zu entwickeln. Bleiben Sie deshalb geduldig, und ärgern Sie sich nicht über ein paar gebrochene Fliesen. Gehen die Kacheln nach längerem Probieren immer noch kaputt, könnte das auch an der Qualität des Fliesenschneiders liegen.

Fliesen rutschen: Dafür kommen zwei Gründe infrage: Sie haben nicht genügend Fliesenkleber aufgetragen oder einen Zahnspachtel benutzt, der zu groß oder zu klein für das gewählte Fliesenformat ist. Auch auf bereits angetrocknetem Kleber werden die Kacheln nicht gut halten. In solchen Fällen entfernen Sie den Kleber mit der geraden Kante der Zahnkelle und ziehen eine neue Schicht auf die Wand auf. Beachten Sie beim Durchkämmen: Die Stege im Kleber müssen immer tief genug und gleichmäßig ausgebildet sein, um die Fliesen tragen zu können.

Fliesen anbohren

Gerade in Mietwohnungen sollten Sie die Kacheln nicht anbohren. Setzen Sie Löcher besser in die Mörtelfugen. Lässt sich das Anbohren gar nicht vermeiden, kleben Sie auf die Fliese etwas Malerkrepp. Es verhindert, dass der Bohrer beim Einschalten der Maschine auf der glatten Glasur wegrutscht und die Fliese zusätzlich beschädigt.

Kreative Idee: **Mosaik**

Bei Ihrem letzten Besuch im Baumarkt haben Sie sich sofort in die farbig funkelnden Steinchen verliebt? Wunderbar, dann wird es Zeit für ein neues Projekt.

Mit Mosaikfliesen können Sie nämlich Ihre Kreativität ganz nach Lust und Laune ausleben. Nicht nur, dass Sie ein großes Sortiment an unterschiedlichsten Steinchen finden, es lassen sich auch viele verschiedene Flächen mit diesem schönen Belag gestalten. Wandvorsprünge oder Raumnischen sowie Ablagen im Bad oder in der Küche eignen sich sehr gut dafür. Natürlich können Sie nachträglich auch eine Mosaikbordüre im halbhoch gefliesten Gäste-WC anbringen. Die Möglichkeiten sind zahlreich. Bevor Sie die Mosaike verkleben, prüfen Sie den Untergund. Saugt er zu stark, müssen Sie vorher grundieren, damit die Fliesen später halten. Für Keramikmosaik verwenden Sie herkömmlichen Fliesenkleber. Anders sieht es bei Glasmosaiken

aus. Hier benutzen Sie einen weißen Natursteinkleber, der die Farbigkeit der Glassteine nicht beeinträchtigt. Auch zum Verfugen sollten Sie einen feinkörnigen Mörtel wählen, der sich für Glasmosaike eignet.

SCHICKES DUO: HOLZ UND STEIN

Besonders schön sieht die Kombination von Fliesen und Holz aus. Deshalb können Sie durchaus auch Möbelstücke wie eine alte Kommode, einen kleinen Beistelltisch oder ein Tablett mit Mosaiksteinen verzieren. Weil Holz ein Naturmaterial ist, das Feuchtigkeit aufnimmt und wieder abgibt, muss es vorbehandelt werden. Rohes Holz schleifen Sie zuerst an und tragen anschließend einen Spezialhaftgrund auf. Er verhindert, dass das Material saugt und sich verzieht. Für beschichtete Möbel, zum Beispiel aus Melaminharzplatten, können Sie auch einen Montagekleber für nicht-saugende Untergründe benutzen. Die Oberfläche rauen Sie vorher ebenfalls leicht mit Schleifpapier auf. Haben Sie die Mosaikfliesen verklebt, lassen Sie dem Kleber etwa einen Tag Zeit zum Trocknen. Danach können Sie mit dem Verfugen beginnen.

MISS DO-IT-YOURSELF RÄT:

Sammeln Sie Strandgut ein und werden Sie kreativ

Ich verrate Ihnen jetzt einen besonderen Gestaltungstipp, der Sie bestimmt verblüffen wird. Unmengen Muscheln und Steine haben mein Sohn und ich in unseren Urlauben gesammelt. Irgendwann konnte ich das traurige Dasein in alten Schuhkartons nicht mehr mit ansehen. Den Mitbringseln habe ich wunderbare Plätze an unseren Wänden im Bad geschenkt. Dazu musste ich nur einzelne Fliesen von der Wand ablösen. Mit einem kleinen Fräswerkzeug entfernt man erst den Fugenmörtel. Die Fliesen müssen dann ganz vorsichtig mit Hammer und Meißel herausgeschlagen und die Reste vom Kleber beseitigt werden. Auf die frei gewordenen Stellen habe ich einfach weißen Natursteinkleber aufgezogen und mein Strandgut hineingeklebt. Jetzt beginnt jeder Morgen wie ein Urlaubstag.

Renovieren

Ein Reich zu Ihren Füßen

Natürlich schöne Holzböden oder flauschig weiche Teppiche – gönnen Sie Ihren Füßen nur das Beste und verlegen Sie den Bodenbelag selbst. Auch diese Herausforderung meistern Sie als angehende Heimwerker-Königin mit Bravour.

Fast echte **Holzböden**

Eiche, Walnuss, Ahorn, Kirsche, Ulme – Laminat liegt Ihnen wie echtes Holz zu Füßen. Die kleine Täuschung am Boden wird kaum einer bemerken.

Hölzer wirken natürlich und verleihen Räumen ein gemütliches Aussehen. Deshalb sind Möbel aus Massivholz nach wie vor beliebt. Doch auch am Fußboden breiten sich immer öfter die schönsten Holzbeläge aus. Zur Wahl stehen neben Parkett und Kork auch Laminatböden.

SO VIELFÄLTIG WIE DIE NATUR

Was auf den ersten Blick wie echtes Holz aussehen mag, ist in Wahrheit oft Laminat. Seine bedruckten Dekorflächen verblüffen durch Farben und Maserungen, die der Natur sehr nahekommen.

Zu Beginn war Laminat mit Buche-Dekor der Kassenschlager in Baumärkten. Seitdem hat sich optisch einiges getan. Egal, welches Holz Sie mögen, Sie werden es ganz sicher als Bodenimitat kaufen können. Ahorn, Birke, Esche, Pinie und Ulme liefern die Optik für helles Laminat. Dem Boden verleihen diese Dekore ein leichtes, frisches Aussehen, und sie passen perfekt zum skandinavischen Landhausstil mit seinen weißen Möbeln und hellen Stoffen. Besonders beliebt sind dunkle Laminatböden, weil sie ein sehr edles und hochwertiges Raumambiente schaffen. Nachgebildete Hölzer wie Walnuss, Wenge, Nussbaum und Merbau gehören zu den dunklen Vertretern. Aber auch Eiche oder Zebrano sind in dunkelbraun gefärbten Varianten erhältlich. Wer weder einen sehr hellen noch einen zu dunklen Boden verlegen möchte, entscheidet sich für einen Farbton dazwischen. Auch hier stehen genügend Dekore zur Auswahl: Apfel, Birne, Buche, Eiche und Kirsche variieren zwischen hellbraunen Tönen und rötlichen Farbnuancen. Neben der Nachbildung naturgetreuer Holzfarben und -maserungen geht der Trend heute zu bearbeiteten Oberflächen. Gekalkte, geweißte oder geräucherte Holzdekore finden sich immer häufiger in den Regalen der Märkte. Nicht nur Holzimitate sind gefragt. Laminat mit Natursteinoberflächen, zum Beispiel Schiefer oder Marmor, oder mit Fliesendekoren gibt es auch

Holzdekore hauchen dem Boden Leben, Wärme und Sinnlichkeit ein

zu kaufen. Besonders modern und ausgefallen wirken Fußböden, wenn ein Laminat mit Streifen, Ornamenten oder einem Farbdekor zum Einsatz kommt.

EIN BELAG FÜR JEDEN RAUM

Robust, pflegeleicht und einfach zu verlegen – diese Eigenschaften zeichnen Laminatböden aus. Deshalb eignen sie sich für nahezu jeden Raum im Haus. Letztendlich ist es eine Geschmacksfrage, ob Sie im Schlaf- oder Wohnzimmer lieber einen kuscheligen Teppichbelag oder einen natürlich wirkenden Laminatboden verlegen wollen. Bei Bädern, Küchen und Eingangsbereichen sollten Sie allerdings etwas vorsichtiger sein. Hier kommen die Fußböden sehr häufig mit Wasser in Kontakt. Nicht jeder Laminatboden hält das auf Dauer aus. Ist die Feuchtigkeit erst einmal in das Laminat eingedrungen, quellen die einzelnen Elemente auf. Verzichten müssen Sie deshalb noch lange nicht: Es gibt nämlich Produkte, die speziell für den Einsatz in Feuchträumen hergestellt werden.

VERBLÜFFENDE WIRKUNG

Bei der Gestaltung haben Wände und Fußböden etwas gemeinsam:

Ihre Farben beeinflussen die Raumwirkung. Ein heller Belag kann das Zimmer optisch vergrößern und reflektiert das Licht. Das Gegenteil passiert bei dunklen Böden. Für kleine Räume sollten Sie deshalb besser helleres Laminat wählen. Wollen Sie einen braunen Belag beispielsweise mit dunkelrot gestrichenen Wänden kombinieren, sollte der Raum groß genug sein und besonders viel Tageslicht abbekommen. Für Möbel und Stoffe wählen Sie als Kontrast helle Farben. Damit ein möglichst stimmiger Raumeindruck entsteht, suchen Sie sich einen Belag aus, der auch zu Ihren Möbeln und den Zimmertüren passt. Laminat in rustikaler Schiffsdielenoptik ergänzt beispielsweise Kiefernholz. Bei Türen und Möbelstücken mit Buche-Dekor darf es ruhig ein etwas dunklerer Bodenbelag sein. Die freie Wahl haben Sie bei Glas- oder weiß lackierten Holztüren.

Doch nicht nur die Helligkeit und die Farbe eines Laminatbodens beeinflussen das Raumgefühl, sondern auch die Maserung des vermeintlichen Holzes. Je stärker die Struktur ausgebildet ist, desto lebendiger und dominanter erscheint der Fußboden. Er wird die Blicke sofort auf sich ziehen. Wesentlich dezenter wirken Laminatbeläge mit wenig oder schwacher Maserung. Sie beruhigen ein Zimmer und ermöglichen, dass schön gestaltete Wände oder ausgefallene Möbel zuerst wahrgenommen werden. Verändern lassen sich Wohnräume zu guter Letzt durch die Art und Weise, wie der Laminatboden verlegt wird. Zimmer erscheinen etwas breiter, wenn die Elemente quer in einem Raum liegen. Dagegen wirkt ein Zimmer mit längs verlegten Paneelen deutlich länger. Machen Sie sich diese kleinen optischen Täuschungen bei der Raumgestaltung mit Bodenbelägen zunutze.

MISS DO-IT-YOURSELF RÄT:

Schonen Sie den Laminatboden mit Filzgleitern

Wie oft habe ich mich schon über die Kratzer im Laminat geärgert. Entstanden sind sie, weil ich beim Putzen die Möbel hin und her geschoben habe. Damit Ihr Boden lange schön bleibt, kleben Sie einfach runde oder eckige Filzgleiter unter Tisch- und Stuhlbeine, andere Möbelstücke oder schwere Übertöpfe.

Kleben ist passé, heute wird geklickt. Wegen ihrer Einfachheit hat sich bei Laminatböden die Klicktechnik etabliert.

Früher musste Laminat, genau wie Parkett- oder Korkboden, Element für Element verleimt werden. Das war sehr aufwendig und für ungeübte Heimwerkerinnen und Heimwerker nicht immer ganz leicht umzusetzen. Für eine kleine Revolution hat die Entwicklung der Klicktechnik gesorgt. Anstatt die einzelnen Paneele miteinander zu verleimen, werden die Elemente nur noch ineinandergesteckt. Zum Verlegen eines Laminatbodens gehört sicherlich noch etwas mehr, aber das Prinzip des Klickens hat die Verarbeitung extrem vereinfacht.

SO IST LAMINAT AUFGEBAUT

Auch wenn die Oberfläche richtiges Holz nur imitiert, besteht Laminat im Kern tatsächlich aus diesem Material. Genau genommen wird ein Holzwerkstoff als Basis bzw. Träger verwendet. Insgesamt setzt sich der Bodenbelag immer aus mehreren Schichten zusammen:

Deckschicht: Damit das Laminat nicht zerkratzt und lange schön aussieht, braucht es eine harte, abriebfeste Schutzschicht. In der Regel versiegelt ein Melaminharz das darunterliegende Dekorpapier. Mit einer solchen Versiegelung lässt sich der Belag später sogar feucht reinigen.

Dekorschicht: Unter der transparenten Melaminharzschicht bleibt das Laminatdekor sichtbar. Es besteht aus einem Fotopapier, das maschinell bedruckt wird. Dadurch ist eine große Vielfalt an Farben, Mustern und Holz- oder Steindekoren möglich. Für ein natürliches Aussehen des Bodenbelags sorgen unterschiedliche Farbverläufe und -kontraste, wie sie auch bei Naturmaterialien vorkommen.

Trägerplatte: Der Hauptbestandteil von Laminat ist die Mittellage bzw. die Trägerschicht. Sie besteht entweder aus dem Holzwerkstoff MDF (mitteldichte Faser) oder HDF (hochdichte Faser). Letzterer ist viel robuster und stabiler als eine mitteldichte Faserplatte. Bei Klicklaminat besitzen die einzelnen Trägerplatten sowohl Nuten als auch Federn, die ineinandergesteckt werden. Grundsätzlich ist das Klickverfahren bei Laminat gleich, allerdings gibt es je nach Hersteller kleine, aber feine Unterschiede bei den Produkten.

Rückseite: Auf der Unterseite der Trägerplatte ist eine spezielle Schicht aufgebracht, die auch Gegenzug genannt wird. Meistens besteht diese Beschichtung aus Phenolharz. Es verhindert, dass Feuchtigkeit in das Laminat eindringt und sich die einzelnen Elemente verziehen. Mittlerweile sind viele Laminatböden zusätzlich mit einer Trittschallfolie ausgerüstet, die sich ebenfalls auf der Rückseite befindet.

Das Verlege-Prinzip: Einfach klicken

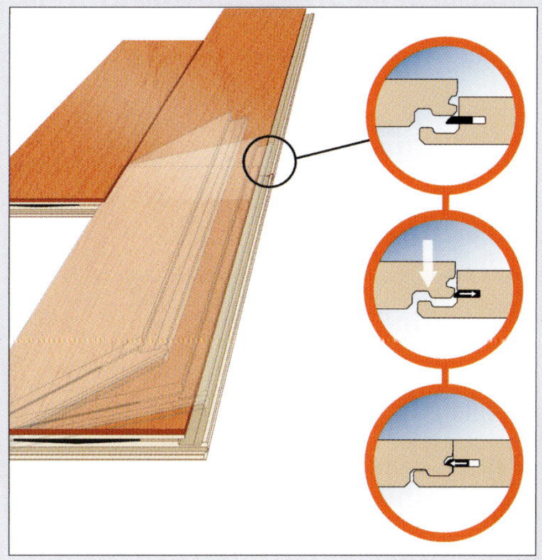

Bei Klicklaminat besitzen die Trägerelemente jeweils an einer Stirn- und einer Längsseite eine Nut bzw. eine Feder. Die Feder ist ein kleiner Vorsprung, der in die Nut bzw. den Falz der vorher verlegten Paneele eingesteckt wird. Je nach Produkt setzt man die Elemente schräg oder gerade ineinander.

Laminat ist ruck, zuck verlegt und Sie können darauf Platz nehmen

AUF LEISEN SOHLEN

Jeden Schritt aus der Nachbarwohnung zu hören, kann auf Dauer etwas nerven. Damit das nicht passiert, ist unter Laminat-, aber auch unter Parkett- und Korkböden eine sogenannte Trittschalldämmung nötig. Der Dämmstoff sorgt dafür, dass sich der Schall nicht auf andere Räume im Haus überträgt. In viele Laminatbeläge werden heute Dämmfolien integriert. Sollte der Belag keine Trittschalldämmung besitzen, müssen Sie diese separat verlegen. Als Dämmstoffe kommen verschiedene Materialien in Frage. Die einfachste und preiswerteste Lösung sind Folien aus Schaumstoff bzw. Polyethylen- oder Polystyrolschaum. Sie werden einfach ausgerollt und bahnenweise am Fußboden verlegt. Zum Dämmen gibt es auch Matten aus Schaumstoff, Kork oder Zellstoffflocken. Die einzelnen Materialien schlucken den Schall jedoch unterschiedlich stark. Achten Sie darauf: Eine gute Dämmung verringert den Schall nach unten um etwa 20 bis 25 Dezibel und im Raum selbst um 10 bis 12 Dezibel. Auf den Etiketten sind meistens genaue Hinweise zu finden.

Verzichten Sie keinesfalls auf eine Trittschalldämmung. Ihre Nachbarn könnten sich nämlich beschweren und den Lärm als Mietmangel angeben. Ein Gerichtsurteil verpflichtet in erster Linie Vermieter, für einen entsprechenden Schallschutz zu sorgen. Aber auch Mieter, die einen neuen Bodenbelag in Eigenregie verlegen, sollten sich daran halten. Im schlimmsten Falle müssen Sie den Bodenbelag wieder entfernen, um den Untergrund nachträglich zu dämmen.

EIN LAMINAT, DAS SCHWIMMT

Früher oder später werden Sie auf den Begriff «schwimmende Verlegung» stoßen. Was zunächst etwas seltsam klingt, lässt sich plausibel erklären. Alle Laminatelemente werden nacheinander im Raum verlegt, bis eine komplette Fläche entstanden ist. Weil der Belag dabei weder auf dem Untergrund verklebt noch mit den Wänden verbunden ist, «schwimmt» das Laminat gewissermaßen im Raum. Fast alle Laminatböden sind genau wie Fertigparkett und Korkbeläge zum Klicken für eine solche schwimmende Verlegung gedacht. Ein vollflächiges Verkleben mit dem Untergrund ist deshalb nicht nötig. Massivholzdielen (kein Laminat) stellen eine Ausnahme dar, weil sie auf eine Unterkonstruktion aus Holzleisten genagelt oder geschraubt werden müssen.

MISS DO-IT-YOURSELF RÄT:

Gönnen Sie Ihrem Laminat regelmäßige Pflege

Laminatböden sind zwar recht robust, trotzdem müssen sie gut gepflegt werden. Staubflocken auf meinem Boden sauge ich einfach weg. Damit keine Kratzer entstehen, verwende ich hierzu immer die Bürstenfunktion des Staubsaugers. Einmal in der Woche ist dann feuchtes Wischen angesagt. Die Betonung liegt auf «feucht», denn Nässe vertragen einige Böden nicht so gut. Die versiegelten Flächen lassen zwar kein Wasser durch, kritisch sind aber die winzigen Fugen zwischen den einzelnen Paneelen. Benutzen Sie zum Putzen speziellen Laminatreiniger, der pflegt und für Glanz sorgt.

Werkzeuge und **Materialien**

Auf geht's in die Holz- und Werkzeugabteilung des Baumarktes: Hier finden Sie nicht nur Ihren neuen Laminatboden und die passenden Fußleisten, sondern auch Schlagklotz, Zugeisen und Gehrungslade. Keine Frage, diese Gesellen brauchen Sie wirklich.

Falls Sie jetzt mittelalterliche Foltergeräte vor Augen haben, seien Sie beruhigt: Abgesehen von den Namen sind diese Werkzeuge völlig harmlos, beim Verlegen von Laminat aber unentbehrlich. Mit einem Schlagklotz und dem Hammer kann man vorsichtig nachhelfen, wenn die einzelnen Paneele nicht fugenfrei ineinanderrasten. Der Klotz besteht entweder aus Holz oder aus Kunststoff. Ein Zugeisen wird gebraucht, um Randelemente fest mit der verlegten Laminatreihe zu verbinden. Ganz wichtig ist auch die Stichsäge mit mehreren Holzsägeblättern. Randpaneele und Aussparungen für Wandvorsprünge und Rohre lassen sich nämlich nur bequem mit der Elektro-Säge zuschneiden. Erst wenn Sie das Laminat komplett verlegt haben, kommt die sogenannte Gehrungslade zum Einsatz. Mit ihrer Hilfe sägen Sie die Fußleisten schräg zu, im 45-Grad-Winkel.

Alle anderen Werkzeuge finden Sie in Ihrer Heimwerkerkiste oder im nächsten Baumarkt. Beim Einkauf dürfen Sie ein Hilfsmittel nicht vergessen: die Abstandskeile. Dabei handelt es sich um Holz- oder Kunststoffklötzchen, die Sie zwischen Wand und Laminatelemente klemmen.

Laminat sieht echten Holzböden verblüffend ähnlich, kostet aber deutlich weniger – da freut sich Ihr Geldbeutel

1 Gehrungslade zum schrägen Zusägen der Fußleisten 2 Anschlagwinkel bzw. Winkellineal zum Ausmessen und Anzeichnen der Laminatpaneele 3 Handsäge oder Fuchsschwanz mit feiner Zahnung zum Kürzen der Fußleisten 4 Gummihammer zum vorsichtigen Zusammenfügen der Paneele 5 Zugeisen 6 Holzklötzchen als Abstandhalter zwischen Wand und Laminat 7 Schlagklotz aus Holz oder Kunststoff 8 Hammer für Schlagklotz und Zugeisen 9 Zollstock zum Ausmessen 10 Cuttermesser (oder Schere) zum Abschneiden der Trittschallfolie 11 Bleistift zum Markieren

1
2
3
4
5
6
7
8
9
10
11

Durch die Keile entsteht eine Dehnungsfuge, die bei schwimmend verlegten Böden unbedingt nötig ist. Dieser Randabstand verhindert, dass sich der Belag beim Ausdehnen nach oben wölbt. Außerdem: Durch die Dehnungs- bzw. Bewegungsfugen kann sich der Trittschall nicht auf die Wände übertragen und im ganzen Haus ausbreiten.

EINE KLASSE FÜR SICH

Natürlich spielt der Preis beim Kauf von Laminat eine wichtige Rolle. Im Vergleich zu Belägen wie Fertigparkett, Massivholzdielen oder Korkböden ist Laminat wesentlich günstiger zu haben, meistens schon ab zehn Euro pro Quadratmeter. Allerdings sollte der Preis nicht das einzige Kriterium sein. Klar, der Belag muss Ihnen auch gefallen. Die Qualität ist aber ebenso wichtig, denn Laminat hat einiges auszuhalten.

Wie belastbar ein Belag ist, können Sie sicherlich nicht sehen. Anhand der Dicke des Laminats erkennen Sie jedoch, ob es sich um ein besseres oder ein schlechteres Produkt handelt. Die Paneele sollten mindestens sechs Millimeter stark sein, besser acht Millimeter oder mehr. Über die Qualität sagt die Schichtdicke allein jedoch nichts aus. Orientierung beim Kauf von Laminatböden bieten die verschiedenen Nutzungsklassen. Insgesamt sind laut EU-Norm sechs Klassen für den privaten und gewerblichen Einsatz definiert. Mieter und Eigentümer von Wohnungen brauchen nur auf die ersten drei Beanspruchungsklassen 21, 22 und 23 zu achten. Dabei gilt: Je höher die angegebene Zahl, desto robuster und belastbarer ist der Laminatboden. Beim Einkauf sollten Sie ein Laminat mit einer guten Trittschalldämmung wählen. Dadurch sparen Sie einerseits Geld, andererseits auch Zeit, weil Sie auf das Verlegen einer separaten Dämmung verzichten können. Die Dezibel-Zahl gibt Auskunft darüber, wie stark der Trittschall geschluckt wird.

DIE RICHTIGE MENGE

Wie lang die einzelnen Elemente sind, lässt sich auf der Laminatverpackung nachlesen. Wichtiger für Sie ist die angegebene Quadratmeterzahl. Um festzustellen, wie viele Pakete Sie für Ihren Raum benötigen, müssen Sie zuerst die Länge und die Breite ausmessen, die Sie dann miteinander multiplizieren. Daraus ergibt sich die Fläche in Quadratmetern. Geben Sie etwa zehn Prozent Verschnitt hinzu. Bei kleinen oder verwinkelten Räumen fällt der Verschnitt höher aus als bei großen Räumen ohne Nischen oder Vorsprünge. Zum Schluss sollten immer ein paar Elemente übrig bleiben. So haben Sie später die Chance, beschädigte Paneele auszutauschen.

LEISTEN, AB IN DEN WAGEN

Nicht nur zum Verdecken der Dehnungsfugen sind Sockelleisten nötig. Sie runden das Gesamtbild ab und schützen die Wände vor Abnutzung. In den Baumärkten können Sie zu fast jedem Laminatboden Fußleisten im passenden Dekor kaufen. Damit Sie die richtige Menge besorgen, messen Sie alle Wandseiten plus Vorsprünge und Nischen aus. Auch hier sollten Sie mindestens zehn Prozent für den Verschnitt dazurechnen. Die Leisten werden nämlich in den Rauminnenecken sowie an den Außenecken von Wandvorsprüngen im 45-Grad-Winkel auf Gehrung geschnitten. Um die Leisten zu befestigen, können Sie Montageclips zum Anschrauben wählen. Die Sockelleisten werden einfach auf die Halterungen aufgesteckt. Ein Vorteil: Hinter der Leiste lassen sich Kabel verlegen. Alternativ kann man die Fußleisten auch mit Nägeln befestigen. Bodenprofile und Übergangsleisten kommen hauptsächlich im Bereich der Türen zum Einsatz. Zunächst wird am Fußboden eine Halteschiene verschraubt, auf die Sie dann das Abdeckprofil stecken.

Das Angebot ist riesig. Achten Sie neben Optik und Preis auch auf Qualität

Welcher Laminatboden für welchen Raum?

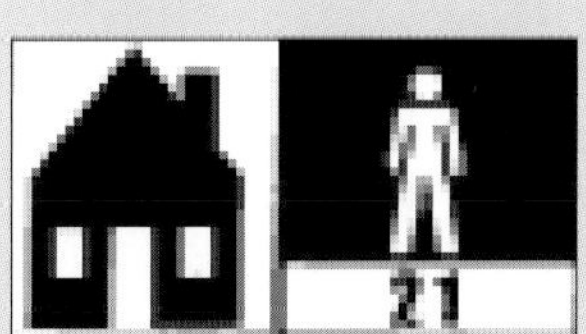

Nutzungsklasse 21:
Der Laminatboden sollte nur sehr gering beansprucht werden. Beläge dieser Klasse eignen sich gut für Schlafräume oder private Arbeitszimmer.

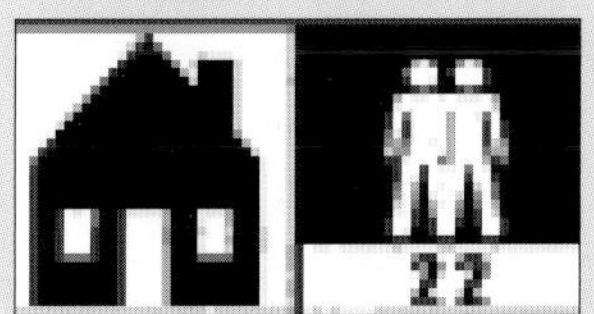

Nutzungsklasse 22:
Laminat für Räume, die zwar regelmäßig genutzt, aber wenig beansprucht werden, zum Beispiel Wohn- und Esszimmer.

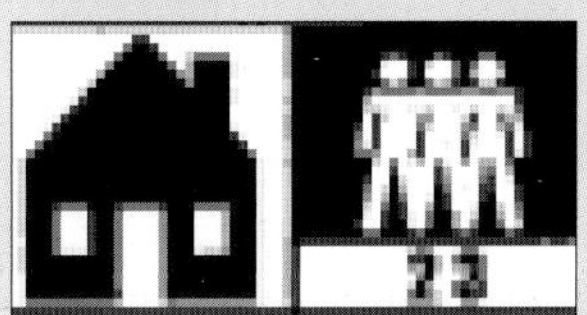

Nutzungsklasse 23:
In stark beanspruchten Bereichen wie Treppen und Fluren sollte ein Laminatboden dieser Klasse verwendet werden.

Laminat verlegen leicht gemacht

Eine große Kunst ist das Verlegen von Laminat wirklich nicht. Die Klicktechnik macht es so einfach. Schon nach einem Tag bestaunen Sie Ihren neuen Fußboden.

Bevor es endlich losgehen kann, bleiben die ungeöffneten Laminatpakete noch zwei Tage in dem Zimmer liegen, wo Sie den Boden verlegen wollen. Dort kann sich das Laminat in Ruhe dem Klima anpassen. Vor und während des Verlegens ist eine Raumtemperatur von 20 Grad und eine Luftfeuchtigkeit zwischen 40 und 70 Prozent optimal.

VORARBEITEN

Das Wichtigste ist wie immer ein tragfähiger Untergrund. Reißen Sie deshalb alte Beläge heraus – auch Teppichböden. Sie wollen doch sicherlich keine Rutschpartie durch Ihr Wohnzimmer riskieren? Genau dazu würde es kommen, wenn Sie Ihren neuen Laminatboden auf einem textilen Belag verlegen.

Das erledigen Sie vorher:

- Fuß- und Übergangsleisten abnehmen oder abschrauben
- Zimmertüren aushängen, falls sie in den Raum öffnen
- Alte Bodenbeläge restlos vom Untergrund entfernen
- Groben Schmutz beseitigen und den Fußboden absaugen

KLICK FÜR KLICK

Falls Sie ein Laminat ohne integrierte Trittschalldämmung gekauft haben, rollen Sie zuerst eine Dämmfolie am Boden aus oder verlegen Matten. Bei der Folie ist wichtig, dass sich die Bahnen nicht überlappen. Mit Klebeband lassen sich die Stoßkanten fixieren, damit die Folie nicht verrutscht.

Das erste Laminatpaneel setzen Sie in einer Raumecke an. Dabei zeigen die Federn der Längs- und Stirnseite zur Wand. Stecken Sie die Abstandskeile dazwischen, damit eine 10 bis 15 Millimeter große Dehnungsfuge entsteht. Sie können die Klötzchen durch die angeschrägten Flächen zusammenschieben, damit der Abstand groß genug wird. An die Stirnseite schließt das zweite Element an. Verlegen Sie die Paneele in einer Reihe bis zur nächsten Wandseite. Meistens passt das letzte Element

Laminat zusägen und verlegen

1 Die Trittschallfolie rollen Sie bahnenweise am Boden aus.

2 Durch Keile zwischen Paneel und Wand entsteht die Dehnungsfuge.

3 Randelemente kürzen Sie mit der Stichsäge auf die richtige Länge.

4 Die Paneele setzen Sie mit der Feder in die Nut der bereits verlegten Elemente ein.

Um alle Paneele einer Reihe fest miteinander zu verbinden, setzen Sie das Zugeisen am Rand an und schlagen mit dem Hammer auf das Ende.

Wandvorsprünge messen Sie aus und zeichnen die Maße dann mit dem Anschlagwinkel auf das Laminatelement.

nicht in voller Paneellänge, weshalb Sie den Abstand ausmessen und das Paneel mit der Stichsäge zuschneiden müssen. Eine stabile Unterlage ist beim Sägen enorm wichtig, damit Sie das Material nicht beschädigen oder sich selbst verletzen. Dafür eignet sich ein Klappwerktisch oder eine spezielle Sägehilfe, in die das Laminat eingeklemmt wird. Das zugesägte Randelement passen Sie nun ein und setzen an seiner Stirnseite das kurze Ende des Zugeisens an. Unter das lange Ende legen Sie als Schutz einen Teppichrest oder eine stabile Pappe. Sobald Sie mit dem Hammer auf das Ende des Zugeisens schlagen, fügt sich das Paneel fest in die Reihe.

Mit dem Reststück, das nach dem Zuschneiden des Randelements übrig bleibt, beginnen Sie von vorn die zweite Reihe. Jetzt wird das Paneel nicht nur an den Stirn-, sondern auch an den Längsseiten der bereits verlegten Elemente eingeklickt. Üben Sie dabei etwas Druck aus. Falls sich die Paneele nicht fugenfrei zusammensetzen lassen, helfen Sie an Stirn- und Längsseiten mit Hammer und Schlagklotz nach. Dafür brauchen Sie kaum Kraft aufwenden. Arbeiten Sie vorsichtig, damit die Nuten des Laminats nicht brechen. Nach diesem Prinzip verlegen Sie Reihe für Reihe. Vergessen Sie nicht, das Laminat an den Seiten mit dem Zugeisen zu bearbeiten und Keile zwischen Wand und Paneele zu stecken.

Entlang der angezeichneten Linien sägen Sie das Paneel aus und klicken es ein. Vergessen Sie nicht, Abstandsklötzchen einzusetzen.

Den Türrahmen schneiden Sie mit der Säge aus. Legen Sie ein Stück Laminat unter. Auch das Türblatt müssen Sie eventuell kürzen.

MISS DO-IT-YOURSELF RÄT:

Fertigen Sie einen Schlagklotz selbst an

Mit gekauften Schlagklötzen kam ich manchmal nicht so gut klar, weil ihnen die Aussparung für die Nut fehlte. Aus Laminat habe ich mir dann schnell selbst ein Schlagholz gebaut. Ein Reststück sägt man zu einem handlichen Format. An der Längsseite bleibt die Feder aber erhalten, um sie in die Nut der verlegten Paneele einzuklicken. Fertig ist der eigene Klotz!

Übergangsleisten anbringen

Die Positionen der Dübelstifte markieren Sie am Boden.

Dann kürzen Sie die Übergangsleiste mit einer Metallsäge.

Bohren Sie mit der Schlagbohrmaschine die Löcher in den Boden.

Die Leiste mit den Dübeln stecken Sie nun in die Bohrlöcher.

ERST MESSEN, DANN SÄGEN

Das klingt bis jetzt einfach? Ist es natürlich auch. Einige Stellen im Raum verlangen jedoch Ihre gesteigerte Aufmerksamkeit. Das betrifft Wandvorsprünge, Nischen, Heizungsrohre und die letzte Reihe. In diesen Bereichen müssen Sie genau messen, die Abstände mit einem Bleistift auf die Paneele übertragen und diese anschließend aussägen. Lassen Sie sich bei diesen Arbeiten ruhig etwas mehr Zeit, und probieren Sie das Sägen vorher an einem Reststück aus. Besonders die Aussparungen für die Heizungsrohre erfordern einiges Fingerspitzengefühl. Das gilt auch für die letzte Reihe. Nur selten passt eine Paneelbreite in diesen Bereich. Deshalb werden die Elemente an der langen Seite zugesägt. Klicken Sie die einzelnen Paneele ein, und fügen Sie sie mit dem Zugeisen zusammen. Absägen müssen Sie eventuell auch die Tür, weil sie sich durch den neuen Belag nicht mehr einhängen lässt.

DER KRÖNENDE ABSCHLUSS

Etwas Entscheidendes fehlt Ihrem neuen Bodenbelag noch, um perfekt auszusehen: die Leisten an den Wänden und den Raumübergängen. Im Bereich der Türen kommen die Übergangsleisten zum Einsatz. Diese werden entweder direkt mit Dübelstiften montiert oder auf eine vorher verschraubte Halteschiene gesteckt. In den Boden bohren Sie zuerst die Löcher und setzen Dübel ein. Halteschiene und Übergangsleisten kürzen Sie auf die richtige Länge. Benutzen Sie für Metallprofile die Stichsäge mit einem feinen Metallsägeblatt und für Kunststoffleisten eine Handsäge mit kleinen Zähnen. Die Fuß- bzw. Sockelleisten werden an Rauminnenecken und an Außenecken im 45-Grad-Winkel auf Gehrung gesägt. Dabei hilft die Gehrungslade. Je nachdem, ob es sich um eine Außen- oder Innenecke handelt, sägen Sie die Leiste mit dem

Dekor einmal nach oben und einmal nach unten zu. Die zweite Fußleiste muss separat geschnitten werden, damit sie zu ihrem Gegenstück passt. Wenn Sie Montageclips einsetzen, müssen Sie die Wände vorbohren und verdübeln. Danach lassen sich die Leisten auf die angeschraubten Halter stecken.

TIPPS FÜR DEN NOTFALL

Abgeplatztes Dekor: Beim Zusägen passiert es schnell, dass das Laminatdekor ausreißt. Verwenden Sie immer ein feines Sägeblatt, arbeiten Sie langsam und mit wenig Hub (Geschwindigkeit des Stichsägeblattes). Kleine Macken an den Randpaneelen sind nicht so schlimm, da die Sägekanten später von Fuß- und Übergangsleisten verdeckt werden.

Falsches Maß: Wenn das Paneel nach dem Zusägen nicht passt, haben Sie vermutlich falsch gemessen. Da Sie genug Material eingekauft haben, benutzen Sie einfach ein neues Element. Das falsch zugesägte heben Sie für eventuelle Reparaturen auf.

Fugen: Ihr Laminat ist komplett verlegt, aber auf der Fläche sind hier und da einige schmale Fugen zu sehen? Setzen Sie am Rand einfach das Zugeisen an, und treiben Sie die Paneele dieser Reihen zusammen.

Fußleisten an den Wänden montieren

Die Halter werden an der Wand montiert, die Leisten aufgesteckt.

Benutzen Sie eine Gehrungslade, um die Leisten schräg zuzusägen.

Durch die Gehrungsschnitte passen die Leisten an Außenecken …

… und an Innenecken perfekt zusammen.

Holzleisten annageln

Die Leisten nageln Sie grob an die Wand. Damit Sie die Holzoberfläche nicht mit dem Hammer beschädigen, benutzen Sie einen Senker. Die Spitze setzen Sie am Nagelkopf an und schlagen mit dem Hammer auf den Senker, bis der Nagel im Holz versinkt.

Kreative Idee: Wände

Laminat eignet sich nicht nur als Belag für den Boden. Dieses Material kann sogar an Wänden und Decken Platz nehmen. Und Möbel erhalten ein extravagantes Outfit.

Ganz besonders interessant wird Ihr Raum, wenn sich der Bodenbelag auch an der Wand oder sogar der Decke fortsetzt. Gestalterisch ist dabei zu beachten, dass Sie möglichst nur einen Wandbereich oder einen Deckenabschnitt mit Laminat verkleiden, und nicht gesamte Flächen. Vor allem bei dunklen Dekoren würde das schnell überladen und erdrückend wirken. Sollten Sie sich im Gegensatz zum Boden für einen helleren Farbton entscheiden, können Sie damit selbstverständlich größere Bereiche gestalten. Schön sehen beispielsweise halbhohe, senkrechte Verkleidungen an den Wänden aus, die an Wohnstile aus Skandinavien erinnern. Auch im Bereich des Esstisches hat Wandlaminat seinen großen Auftritt und wird zu einem echten Blickfang. Etwas rustikaler wirken Holzdekore an Dachschrägen und Decken. Sie unterstreichen perfekt den Landhausstil.

EINE STABILE KONSTRUKTION

Am Boden wird Laminat schwimmend verlegt. Das funktioniert bei Wänden und Decken natürlich nicht. Stattdessen ist eine Unterkonstruktion aus Holzlatten nötig. Die Leisten schraubt man mit einem Abstand von jeweils 30 bis 40 Zentimetern unter die Decke oder an die Wand. Ob Sie die Latten längs oder quer an Decke oder Wand montieren, hängt davon ab, wie Sie das Laminat verlegen wollen. An Querleisten werden die Paneele senkrecht angebracht. Eine waagerechte Position nehmen sie bei längs verschraubten Latten ein. Spezielle Halteklammern und Schrauben sorgen für eine stabile Verbindung zwischen Paneelen und Unterkonstruktion.

Einen schönen Abschluss bilden Abdeckleisten. Haben Sie eine Wand oder die Decke komplett verkleidet, bringen Sie die Leisten in den Raumecken an. Am einfachsten geht das mit Stahlstiften oder Nägeln. Schmücken Laminatpaneele die Wände nur zur Hälfte, montieren Sie die Leisten links und rechts in vertikaler Position und zusätzlich horizontal.

SCHÖNE VERKLEIDUNG

Ihr Laminat gefällt Ihnen so gut, dass Sie es auch an anderen Stellen in Szene setzen möchten? Prima Idee. Gestalten Sie damit zum Beispiel alte oder neue Möbel. Einfache Couch- oder Beistelltische, für die Sie nicht viel Geld ausgegeben oder die Sie im Sperrmüll gefunden haben, können Sie mit Laminat aufhübschen. Einzelne Elemente sägen Sie auf das Maß der Tischplatte zu und befestigen sie mit Holzleim oder Montagekleber. Mit passenden Abschlussleisten oder Profilen decken Sie die seitlichen Tisch- und Laminatkanten ab. Große, raumhohe Schiebetüren von Einbauschränken lassen sich ebenfalls mit den Paneelen verkleiden. Je nach Art und Konstruktion der Tür kleben Sie die Paneele auf, montieren sie mit Halteklammern oder speziellen Profilen.

Spendieren Sie Ihren Wänden und Möbeln ein ausgefallenes Kleid

MISS DO-IT-YOURSELF RÄT:

Dekorative Wandbilder aus Laminat kreieren

Aus übrigen Paneelen baue ich gerne Bilder. Basis ist eine 50 x 50 cm große Holzplatte. Das Laminat brauche ich nur zusägen. Dabei verlieren die Außenseiten der Paneele ihre Federn und Nuten. Die Elemente stecke ich zusammen und klebe sie mit Holzleim auf. Die Plattenrückseite wird lackiert, damit sich das Holz nicht verzieht.

Flauschige Böden

Mit nackten Füßen über einen warmen, weichen Boden laufen und das Kitzeln der flauschigen Fasern unter den Sohlen spüren – diese Vorstellung macht es sehr leicht, sich für einen Teppichbelag zu entscheiden.

So richtig gemütlich wird es bei Ihnen zu Hause, wenn es warm ist. Vor allem in Schlaf-, Wohn- und Kinderzimmern sollten angenehme Temperaturen herrschen und die Böden fußwarm sein. Teppichböden helfen dabei und bieten auch gestalterisch einige Möglichkeiten. Mit Farben können Sie Ihre Wände beliebig gestalten, für Fußböden gilt das genauso. Ob Sie sich nun für einen ein- oder zweifarbigen, einen gestreiften oder bunt gemusterten Belag entscheiden, liegt ganz bei Ihnen. Wenn Sie zusätzlich ein paar Tricks beachten, können Sie sogar die Raumwirkung geschickt beeinflussen. Für kleine Zimmer wählen Sie besser helle Farben, weil sie einen Raum deutlich größer erscheinen lassen. Deshalb sollte vor allem in kleineren Räumen, wie zum Beispiel dem Arbeitszimmer, kein dunkelblauer Teppich verlegt werden. Befürchten Sie Flecken auf hellen Teppichen, wählen Sie einfach einen melierten Belag mit robusten Fasern, die recht pflegeleicht sind. Bei großen Zimmern können Sie durchaus zu dunkleren oder kräftigeren Farben greifen. Wichtig ist, dass Sie einen Raum immer als Ganzes betrachten. Das bedeutet: Wände, Boden, Möbel und Wohnaccessoires müssen farblich zusammenpassen und dürfen nicht miteinander konkurrieren.

WÄRMESPENDER TEPPICH

In Wohnräumen mit textilen Bodenbelägen herrscht eine behagliche Atmosphäre. Das liegt natürlich am Material, das rein optisch eine gewisse «Wärme» ausstrahlt. Tatsächlich verändert sich auch das subjektive Wärmeempfinden. Es wurde nachgewiesen, dass Menschen die Raumtemperatur um zwei Grad höher einschätzen, wenn ein Teppichboden verlegt ist. Textilbeläge besitzen durch ihre Fasern und den Rücken isolierende und damit energiesparende Eigenschaften. Die Heizwärme geht nicht über den Fußboden verloren, sondern bleibt im Raum.

BELÄGE AUS NATURFASERN

Pflanzliche und tierische Fasern besitzen viele günstige Eigenschaften. Deshalb eignen sie sich sehr gut als textile Bodenbeläge, weil sie das Raumklima positiv beeinflussen.

- **Wolle:** Gemeint ist Schurwolle, die zu einem elastischen Belag verarbeitet wird. Die Wolle kann die Feuchtigkeit aus der Raumluft aufnehmen und wieder abgeben. Neben ihrer feuchteregulierenden Eigenschaft wirkt Wolle auch wärmedämmend und schallisolierend. Besonders gut eignen sich Teppiche aus Wolle für Schlaf- und Kinderzimmer.
- **Ziegenhaar:** Diese Teppiche bestehen nicht komplett, sondern nur zu 80 Prozent aus Ziegenhaar. Die restlichen 20 Prozent sind Schurwolle. Durch das robuste Ziegenhaar werden die Beläge strapazierfähig und lassen sich gut reinigen.
- **Sisal und Kokos:** Die festen, robusten Pflanzenfasern machen Bodenbeläge sehr widerstandsfähig, so dass ihnen Feuchtigkeit, Schmutz und Motten nichts anhaben können. Gleichzeitig begünstigen Sisal- und Kokosteppiche das Raumklima. Im Prinzip eignen sie sich für alle Wohnräume, besonders jedoch für Eingänge, Flure und Treppen.

SYNTHETISCHE TEPPICHE

Beläge aus Kunststofffasern sind oft deutlich preiswerter als Naturfaserteppiche. Auch für Allergiker,

Teppich bei Allergie?

Untersuchungen haben gezeigt, dass sich kurzflorige Teppiche auch für Menschen mit einer Hausstaubmilbenallergie eignen. Die Textilfasern binden nämlich den Staub aus der Raumluft, der auf glatten Böden immer wieder aufgewirbelt wird und zu direkten allergischen Reaktionen führt. Allerdings lässt sich Staub auf Textilbelägen kaum erkennen. Voraussetzung ist deshalb, dass man den Teppich mehrmals in der Woche gründlich absaugt.

Traumhaft weiche Teppichbeläge streicheln und wärmen Ihre Füße

die auf Mottenschutzmittel oder Hausstaubmilben reagieren, können diese Bodenbeläge die bessere Wahl sein. Meistens bestehen künstlich hergestellte Teppiche aus Polyacryl, Polyamid, Polyester oder Polypropylen. Nachteil einiger Beläge: Sie enthalten schädliche Stoffe, die man zum Teil sogar riechen kann. Sie stecken entweder direkt in den Fasern oder kommen als Weichmacher im Schaumstoffrücken vor. Gütesiegel geben Auskunft, ob es sich um schadstoffhaltige oder schadstofffreie Teppiche handelt. Ein großes Plus dieser Beläge ist, dass synthetische Fasern eine enorme Vielfalt an Farben und Mustern ermöglichen.

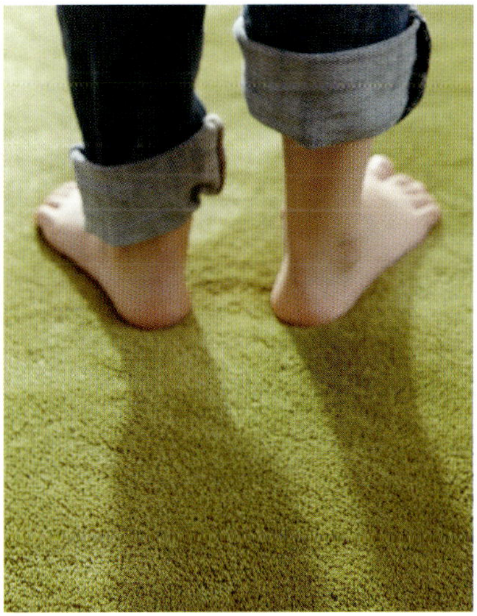

Teppichböden für jeden Geschmack

Kurz oder lang, einfarbig oder gemustert, weich oder robust – wählen Sie Ihren neuen Teppich ganz nach Herzenslust aus.

Das Angebot an Teppichbelägen ist enorm groß, so dass die Entscheidung manchmal ein wenig Zeit braucht. Neben dem Aussehen und dem Preis sollten Sie auch die Qualität Ihres neuen Bodenbelags unter die Lupe nehmen. Wichtige Anhaltspunkte gibt der Teppichflor. Dichte und fest vernähte Fasern oder Schlingen deuten rein optisch auf eine gute Verarbeitung hin. Ob der Belag aber wirklich belastbar ist, können Sie im Geschäft nicht erkennen. Damit Kunden wissen, für welchen Einsatz der gewählte Belag infrage kommt, verleiht die Europäische Teppichgemeinschaft ein Gütesiegel. Zu erkennen ist es am roten «t» sowie an den fünf Sternen. Wurden diese komplett vergeben, können Sie sicher sein: Hier handelt es sich um ein Qualitätsprodukt. An dem Prüfsiegel lässt sich außerdem die Belastbarkeit des Belags bei gelegentlicher, mittlerer und intensiver Nutzung feststellen. Zusätzlich geben kleine Symbole Auskunft, ob sich der Teppich zum Beispiel für Treppen, Feuchträume, Fußbodenheizungen oder den Gebrauch mit Stuhlrollen eignet. Achten Sie auf das Siegel. Fachberater informieren ebenfalls.

SO SIND TEPPICHE AUFGEBAUT

Ob Sie sich nun für einen Teppich aus natürlichem Material wie Schurwolle und Sisal oder aus synthetischen Fasern wie Polyamid und Polypropylen entscheiden, der Aufbau eines Belags ist immer gleich. Teppiche bestehen aus diesen drei Schichten:

- **Nutzschicht:** Die sichtbare, obere Fläche eines Teppichs bezeichnet man als Nutzschicht. Sie setzt sich aus Fasern bzw. Garn zusammen, das in unterschiedlichen Verfahren entweder zu einem kurzen, dichten oder einem langen, lockeren Flor verarbeitet wird. Das verwendete Material macht die Nutzschicht entsprechend robust oder flauschig weich.
- **Trägerschicht:** Unterhalb der sichtbaren Nutzschicht befindet sich ein dünnes Trägermaterial. Es ist notwendig, um das Garn zu einem gleichmäßigen und dichten Flor zu vernähen.
- **Rücken:** Ein Teppichrücken verleiht dem Belag deutlich mehr Stabilität und man kann besser darauf laufen. Früher wurden für die Rückseite eines Teppichbodens ausschließlich Schaumstoffe bzw. Weichgummi verwendet. Diese Materialien bieten zwar eine hervorragende Schalldämmung, enthalten aber oft auch gesundheitsschädliche Substanzen. Schadstoffe im Rücken gasen aus, weshalb sich gerade am Anfang ein unangenehmer

MISS DO-IT-YOURSELF RÄT:

Bügeln Sie Wachsflecken und Druckstellen weg

Hinterlassen Kerzenwachs oder eine verschobene Kommode Spuren im Teppich, hilft Bügeln. Ich kratze das Wachs ganz vorsichtig mit dem Messer ab, lege Löschpapier auf den Fleck und bügle darüber. Das Papier saugt das flüssig werdende Wachs einfach auf. Bei Möbelabdrücken breite ich ein feuchtes Leinentuch über der Stelle aus. Die schwache Hitze des Bügeleisens sorgt dafür, dass sich die Fasern aufrichten.

Geruch verbreitet. Verklebte Teppiche mit Schaumstoff- oder Gummirücken lassen sich nur schwer vom Untergrund entfernen. Eine Alternative stellen Textil- oder Vliesgewebe dar, die auf der Rückseite angebracht sind. Diese Teppichböden braucht man nicht vollflächig zu verkleben.

VELOURS, SCHLINGE ODER FLOR

Teppiche besitzen glatte oder strukturierte Oberflächen, flauschige oder robuste Fasern, einen kurzen oder langen Flor. Für das unterschiedliche Aussehen ist nicht allein das verwendete Material verantwortlich, sondern auch das Herstellungsverfahren.

Schnittvelours: Ein samtiger, weicher und gleichmäßiger Flor kennzeichnet sogenannte Veloursteppiche. Dabei werden die mit der Trägerschicht vernähten Garnschlingen oben einfach aufgeschnitten. Der Teppich besteht nun aus vielen einzelnen Fasern. Veloursteppiche sind mit verschiedenen Faserlängen erhältlich – meistens als Kurz- und als Langflor. Dabei gilt: Je länger die Teppichfasern, desto besser die Schall- und Wärmedämmung. Hausstauballergiker entscheiden sich besser für kurze und dichte Veloursteppiche, die sich leicht mit dem Staubsauger reinigen lassen. Eine Variante dazu ist das Kräuselvelours. Das stark gezwirnte Garn macht den Belag robuster, so dass man Trittspuren oder Abdrücke kaum erkennt.
Im Vergleich zur Schlingenware sind Veloursteppiche weniger belastbar, weshalb man sie eher in Schlaf- und Wohnzimmern verlegen sollte.

Schlingenflor: Bei diesen Bodenbelägen sind Trägermaterial und Garn ebenfalls vernäht. Allerdings werden die entstandenen Schlingen nicht am oberen Ende aufgeschnitten, sondern bleiben erhalten. Dadurch bildet sich eine grobe, etwas rustikale Struktur, die auch als Bouclé bezeichnet wird.

Teppichböden regelmäßig reinigen

Die wirkungsvollste Methode, einen Teppich dauerhaft zu pflegen, ist das Staubsaugen. Pro Woche sollten Sie den Belag ein- bis zweimal entstauben. Je nachdem, wie stark Sie Ihren Bodenbelag beanspruchen, kann irgendwann eine trockene Reinigung mit einem speziellen Teppichgranulat oder -pulver notwendig werden. Das Reinigungsmittel verteilen Sie gleichmäßig auf dem Boden und bürsten es in den Teppich ein. Nach der Einwirkzeit brauchen Sie den Belag nur noch gründlich absaugen. Die Frischekur sorgt vor allem bei kurzflorigen Teppichen für gute Ergebnisse. Einen Fachbetrieb sollten Sie beauftragen, wenn die Beläge älter oder stark verschmutzt sind. Die Experten besitzen die richtigen Geräte und Produkte für die Tiefenreinigung.

Insgesamt gehören Schlingenflorteppiche zu den strapazierfähigen und unempfindlichen Belägen. Sie können in fast allen Räumen verlegt werden. Auch für das Kinderzimmer eignet sich dieser Teppichboden, selbst wenn er nicht so weich wie ein Veloursbelag ist. Falls Sie einen tierischen Mitbewohner haben, sollten Sie sicherheitshalber einen anderen Bodenbelag wählen. Katzen mögen die grobe Schlingenstruktur des Teppichs und benutzen ihn schnell als Kratzbaum.

Schnittschlinge: Es gibt auch Bodenbeläge, die Schnitt- und Schlingenflor kombinieren. Einige Garnschlingen werden aufgeschnitten, andere nicht. Dadurch erhält der Teppich eine reliefartige Struktur, vor allem wenn unterschiedlich lange Garnschlingen vernäht worden sind.

Robust oder elegant, flauschig weich oder leicht zu reinigen – Sie haben die Wahl

Werkzeuge und Materialien

Zum Verlegen eines Teppichs brauchen Sie keine speziellen Werkzeuge. Alles Wichtige finden Sie im Werkzeugkasten. Zusätzliche Hilfsmittel kaufen Sie noch schnell ein.

Wenn Sie zum Teppichkauf in den Baumarkt fahren, denken Sie unbedingt auch an Materialien wie doppelseitiges Klebeband, Teppichkleber oder -fixierer. Falls Sie den Textilbelag einfach nur lose im Raum auslegen, müssen Sie mit Wellengang und Rutschpartien rechnen. Besser ist es, den Teppich entweder vollflächig zu verkleben oder fixieren oder zumindest an den Seiten mit Klebeband zu befestigen. Damit haftet der Belag am Untergrund und kann sich nicht verschieben oder wellen.

TEPPICHBELÄGE KAUFEN

Textile Bodenbeläge mit verschiedenen Mustern und Farben erhalten Sie in vielen Baumärkten. Sollte Ihr Wunschteppich nicht darunter sein, bieten Fachgeschäfte wie zum Beispiel Raumausstatter weitere Varianten an.

Sicherlich spielt das Aussehen des Belags eine entscheidende Rolle. Probieren Sie im Geschäft auch gleich aus, wie sich der Teppich und seine Fasern anfühlen: schön weich oder eher kratzig. Fällt Ihnen direkt ein Bodenbelag ins Auge, berücksichtigen Sie bitte auch gesundheitliche Aspekte. Lösemittel und andere Schadstoffe sollten Sie sich mit dem Teppich wirklich nicht ins Haus holen. Vor allem wird der Teppich mehrere Jahre in Ihren Wohnräumen liegen, und Schadstoffe dünsten über eine längere Zeit aus. Vielleicht haben Sie das schon einmal bemerkt: Wurde ein neuer Teppichboden verlegt, riecht es oft einige Tage in dem Zimmer. Auch wenn der Geruch bald verschwin-

Die benötigten Werkzeuge gehören zur Grundausstattung jeder Heimwerkerin

1 Teppichschiene zum Andrücken des Belags und als Führung für das Teppichmesser 2 Doppelseitiges Teppichklebeband 3 Zollstock zum Ausmessen von Vorsprüngen und zum Festlegen von Abständen an Türen 4 Cuttermesser zum Kürzen 5 Schere zum Nachschneiden ausgefranster Kanten 6 Filzstift zum Anzeichnen des Teppichrückens

1
2
tesa
Made in EU
3
4
LUX-TOOLS
5
Colli-Marker
6

MISS DO-IT-YOURSELF RÄT:

Verkleben Sie den Teppich mit dem Fußboden

Verkleben Sie Teppichböden immer mit dem Untergrund. Diese Produkte stehen zur Auswahl.

Doppelseitiges Klebeband: Die einfachste Lösung ist, den Bodenbelag an den Seitenrändern und Schnittkanten mit Teppichklebeband zu befestigen. Der Raum sollte nicht größer als 25 Quadratmeter sein, sonst kann sich der Teppich trotzdem wellen.

Teppichkleber: In großen Räumen verkleben Sie den Belag besser mit einem Teppichkleber, der mit dem Spachtel komplett auf dem Untergrund verteilt wird. Arbeiten Sie aber abschnittsweise und verkleben Sie den Teppich Stück für Stück. Nachteil des Klebers: Der Belag lässt sich später nur aufwendig entfernen. Achten Sie beim Einkauf darauf, ein lösemittelfreies und emissionsarmes Produkt zu wählen.

Fixierer: Als Alternative zum Kleber gibt es sogenannte Fixierer, die ebenfalls vollflächig verteilt werden. Der Unterschied liegt darin, dass der Teppich bei einer späteren Renovierung leicht wieder ablösbar ist.

Haftvlies: Gänzlich verzichten können Sie auf ein Verkleben oder Fixieren, wenn Sie ein Haftvlies benutzen. Dieses wird bahnenweise unter dem Teppich ausgelegt und verhindert, dass sich der Belag später verschiebt und Wellen schlägt.

det, auf Dauer können belastete Teppiche körperliche Reaktionen wie Kopfschmerzen oder Hustenreiz hervorrufen. Damit Sie einen Teppich finden, der sowohl Ihren optischen als auch Ihren gesundheitlichen Anforderungen entspricht, informieren Sie sich zuerst über einzelne Hersteller und ihre Produkte. Verbraucherinstitute und Testberichte geben über die Qualität und den Schadstoffgehalt Auskunft, und verschiedene Prüf- und Gütesiegel helfen ebenfalls weiter. Beim Einkauf kann es jedoch passieren, dass Sie nirgends eines dieser Siegel entdecken. Fragen Sie unbedingt nach. Die Fachverkäufer haben normalerweise Zugriff auf detaillierte Produktinformationen.

TEPPICHGRÖSSE BERECHNEN

Im Vergleich zu Tapeten oder Fliesen lässt sich die benötigte Menge bei Teppichen ganz leicht berechnen. Die Größe des Belags wird von der Länge und der Breite des Raums vorgegeben. Zu den Maßen sollten Sie aber wenigstens zehn Zentimeter pro Wandseite dazurechnen. Der Überstand ist wichtig, damit Sie den Belag an den Seiten mit Teppichmesser und Schiene gerade abschneiden können. Da Teppiche nur in Standardbreiten von zwei, vier und fünf Metern angeboten werden, müssen Sie sich sowieso danach richten. Ein Beispiel: Ihr Raum ist 2,50 mal 3,40 Meter groß. Deshalb wählen Sie einen vier Meter breiten Belag. Die Länge lassen Sie sich dann vom Verkäufer passend zuschneiden. Denken Sie an die Materialzugabe, das heißt zu den 2,50 Meter rechnen Sie noch mindestens 20 Zentimeter hinzu.

FUSSLEISTEN ALS ABSCHLUSS

Wollen Sie einen Teppichbelag verlegen, brauchen die Übergänge vom Boden zu den Wänden natürlich noch einen schönen Abschluss mit Fuß- bzw. Sockelleisten. Selbstverständlich können Sie die üblichen Leisten aus Holz oder Kunststoff anbringen. Ein besonders stimmiges Bild entsteht aber, wenn Sie spezielle Fußleisten wählen, die sich mit Teppich bekleben lassen. Diese Kunststoffleisten sind im Baumarkt in verschiedenen Farben und Dekoren erhältlich. Egal, für welche Variante Sie sich entscheiden, beim Kauf sollten Sie nicht zu knapp kalkulieren. Schließlich müssen Sie die Abschlussleisten später noch im Bereich der Wandinnen- und Wandaußenecken zusägen. Dabei entsteht immer ein Verschnitt.

Keine Schadstoffe im Teppichbelag

Teppichböden bergen oft die Gefahr, mit Schadstoffen belastet zu sein. Es gibt aber auch textile Beläge, die keinerlei gesundheitliche Nebenwirkungen mit sich bringen. Um diese Böden zu erkennen, sollten Sie unbedingt auf verschiedene Prüf- und Gütesiegel achten, zum Beispiel «Blauer Engel». Das allgemeine Teppichsiegel mit dem roten «t» gibt Auskunft über Qualität, Einsatz und Umweltverträglichkeit eines Textilbodens. Auch die GuT (Gemeinschaft umweltfreundlicher Teppichboden) und die LGA (Landesgewerbeanstalt) untersuchen in unterschiedlichen Verfahren, ob, wie stark und mit welchen Stoffen ein Teppichbelag belastet ist. Anschließend vergeben sie jeweils ihr Prüfsiegel.

Teppichböden sind durch ihre Größe unhandlich und zum Teil recht schwer. Ein paar helfende Hände wären deshalb sinnvoll, um den Belag vom Baumarkt in Ihre Wohnung zu transportieren und ihn dort in die richtige Bodenposition zu bringen. Mit etwas Unterstützung Ihrer Freundinnen haben Sie auch die notwendigen Vorarbeiten ganz schnell erledigt.

VORARBEITEN

Von der Idee, einen neuen Bodenbelag auf einem alten zu verlegen, sollten Sie sich schleunigst verabschieden. Entfernen Sie alte Textil-, Laminat- oder Fliesenböden zuerst komplett, damit der Belag später nicht hin und her rutscht und dabei Wellen schlägt. Wie bei Laminat und Fliesen gilt auch hier: Der Untergrund muss stabil, fest und trocken sein. Nur auf diese Weise lässt sich der Teppich fachgerecht verlegen. Das ist noch zu erledigen:

- Fuß- und Übergangsleisten abnehmen oder abschrauben
- Zimmertüren aushängen, falls sie in den Raum öffnen
- Alte Bodenbeläge restlos vom Untergrund entfernen
- Groben Schmutz beseitigen und den Fußboden absaugen

Teppich auslegen und zuschneiden

Den ausgerollten Teppich ziehen Sie in die richtige Lage.

An Türschwellen schneiden Sie den Belag auf beiden Seiten ein.

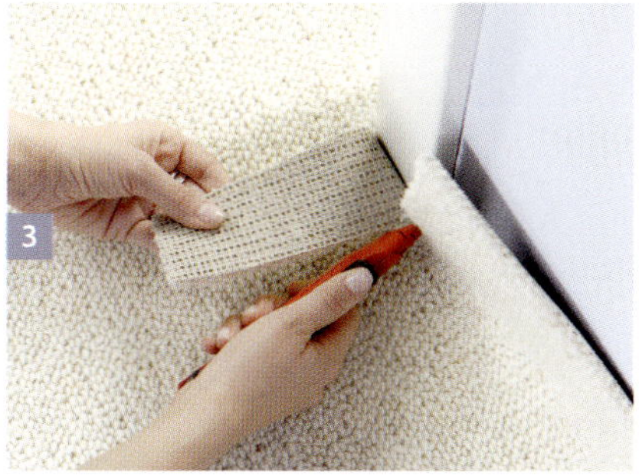

Danach müssen Sie die Überstände am Türrahmen kürzen.

Drücken Sie den Belag fest in die Ecken und schneiden Sie ihn ein.

Überstände entfernen Sie mit der Teppichschiene und dem Messer. Beide Werkzeuge fest andrücken.

Zwischen Wand und Rohr wird erst gemessen und dann geschnitten.

Fixieren Sie den Belag am Boden mit doppelseitigem Klebeband.

Fußleisten zusägen und montieren

Sägen Sie die Leisten zu, Eckstücke im 45°-Winkel schneiden.

Um die Leisten zu montieren, bohren Sie Löcher und verdübeln sie.

Die zugeschnittenen Streifen kleben Sie einfach an die Leisten.

Auch an den Eckstücken lässt sich der Teppich ohne Fuge befestigen.

Fußbodenheizung unter Teppichbelägen

Ein Teppichbelag kann durchaus auf Böden mit Fußbodenheizung verlegt werden. Voraussetzung ist allerdings, dass sich der Teppich für diesen Einsatz eignet. Fragen Sie deshalb unbedingt beim Kauf nach, und achten Sie auf das Teppichsymbol «Für Fußbodenheizung geeignet». Auf beheizten Untergründen sollte der Belag nur mit einem speziellen Kleber befestigt werden.

ROLLEN SIE DEN TEPPICH AUS

Einkauf und Transport haben Sie erledigt. Nun liegt der neue Teppich aufgerollt bei Ihnen zu Hause. Bevor Sie mit dem eigentlichen Verlegen beginnen, rollen Sie den Belag zuerst im Zimmer aus. Da die Rolle wahrscheinlich länger als eine Raumseite ist, müssen Sie den Teppich diagonal abrollen. Anschließend ziehen Sie ihn in Position, was zu zweit deutlich besser klappt. Achten Sie darauf, dass der Belag faltenfrei auf der Fläche liegt und an allen Wänden übersteht. Bei Wand-, Heizkörper- und Fensternischen sollten Sie mehr Material einplanen. Nun gönnen Sie dem Teppich ein wenig Ruhe und lassen ihn über Nacht liegen.

RAHMEN, ROHRE, RÄNDER

Am nächsten Tag hat sich der Bodenbelag akklimatisiert, und Sie können ihn passend schneiden. Verwenden Sie dafür ein Teppichmesser mit einer Hakenklinge oder ein stabiles und scharfes Cuttermesser. Bei einigen Schnitten ist eine Schere hilfreich. Zuerst messen Sie die Abstände an Türschwellen und Nischen aus. Wenn Sie den Teppichüberstand in diesen Bereichen umklappen, lassen sich die Maße bequem auf der Rückseite des Belags anzeichnen. Entlang der Mar-

kierungen schneiden Sie das Material zu. Damit der Teppich darunter nicht beschädigt wird, legen Sie einfach eine flache Sperrholzplatte oder eine dicke, stabile Pappe unter. Genaues Ausmessen ist auch bei Heizungsrohren gefragt. Ähnlich wie bei Türen und Nischen schlagen Sie den Bodenbelag zuerst um, bis er flach vor den Rohren liegt. Bestimmen Sie den Abstand von der Wand bis zum Heizungsrohr, und übertragen Sie das Maß auf die Teppichrückseite. Den Durchmesser der Leitung müssen Sie ebenfalls anzeichnen. Mit dem Cuttermesser wird das Material nun eingeschnitten, wobei Sie für die Rundungen besser die Schere benutzen.
Haben Sie den Teppich an diesen Stellen zugeschnitten, können Sie sich als Nächstes den Wandüberständen zuwenden. Das klappt ganz einfach, weil Sie jetzt nur noch gerade Schnitte setzen müssen.
Den Belag drücken Sie mit Hilfe der Teppichschiene ganz fest in die Ecke zwischen Boden und Wand. Nun brauchen Sie lediglich mit dem Cuttermesser an der Schiene entlangzufahren, und der Schnitt ist gesetzt. Arbeiten Sie so Stück für Stück weiter, bis Sie die gesamten Teppichüberstände abgetrennt haben.

MISS DO-IT-YOURSELF RÄT:

Wenden Sie bei Ansätzen den Doppelschnitt an

Wenn Räume sehr groß oder verwinkelt sind, muss der Teppich manchmal geteilt werden. Dabei entstehen Ansätze, die beim normalen Schneiden nie ganz gerade werden. Mein Tipp ist der Doppelschnitt, bei dem Sie beide Teppichstücke gleichzeitig zuschneiden. Das geht ganz einfach: Haben Sie den ersten Abschnitt verlegt und zugeschnitten, legen Sie das zweite Teilstück in die gleiche Florrichtung aus. Die Teppiche müssen sich zirka zehn Zentimeter überlappen. Setzen Sie die Teppichschiene in diesem Bereich möglichst in der Mitte an. Mit einem scharfen Cuttermesser schneiden Sie mit Kraft in beide Lagen. Die abgeschnittenen Streifen entfernen Sie und bringen unter den Teppichkanten doppelseitiges Klebeband an.

Entlang der Schiene schneiden Sie mit einem scharfen Cuttermesser in beide Teppichlagen.

Die Reststreifen entfernen Sie und kleben die Teppichränder mit doppelseitigem Band an.

TEPPICHE MIT BODENHAFTUNG

Im Laufe der Zeit kann sich ein Bodenbelag durch die Beanspruchung verschieben. Ein welliger Teppich ist die Folge. Durch Ankleben oder Fixieren lässt sich das verhindern. Haben Sie den Teppichbelag komplett zugeschnitten, schlagen Sie eine Hälfte bis zur Raummitte um. Auf den Untergrund tragen Sie mit einem Zahnspachtel den Teppichkleber oder alternativ den Fixierer auf. Langsam können Sie nun die Teppichhälfte umklappen und ins Kleberbett drücken. Die andere Hälfte des Belags bearbeiten Sie genauso.

Wenn Sie auf ein vollflächiges Verkleben oder Fixieren verzichten wollen, benutzen Sie einfach doppelseitiges Klebeband. Dieses sollten Sie mindestens in allen Randbereichen und an eventuellen Nahtstellen unter den Teppich kleben. Es spricht natürlich nichts dagegen, die Klebestreifen auch in der Mitte des Fußbodens anzubringen. Dazu schlagen Sie den Belag um und befestigen die Streifen. Wichtig: Haftvlies müssen Sie vor dem ersten Ausrollen verlegen.

EIN SCHÖNER ABSCHLUSS

Nun fehlen noch die Fuß- und Übergangsleisten. Falls Sie sich für Sockelleisten entscheiden, die mit Teppich beklebt werden, montieren Sie die Leisten zuerst mit Dübeln und Schrauben an den Wänden. Schneiden Sie den Teppich in Streifen, die so hoch wie die Fußleisten sein müssen. Die einzelnen Abschnitte halten am doppelseitigen Klebeband, das bereits an den Leisten angebracht ist. Weil Beläge oft raumweise verlegt werden, entstehen im Bereich der Türen immer Ansätze oder Fugen. Diese lassen sich mit Bodenprofilen aus Metall oder Kunststoff verdecken. Selbst unterschiedliche Höhen, zum Beispiel vom Teppich zum Laminat, kann man mit speziellen Übergangsleisten ausgleichen. Um die Profile zu befestigen, bohren Sie zuerst die Löcher, setzen Dübel ein und schrauben die Fußleiste fest oder stecken sie auf ein unteres Profil.

TIPPS FÜR DEN NOTFALL

Falten und Knicke: Grundsätzlich sollte der Belag nicht geknickt werden. Der Transport macht es manchmal aber nötig. Sorgen Sie auf jeden Fall dafür, dass der Teppich nur ganz kurze Zeit gefaltet bleibt, und legen Sie ihn zu Hause sofort aus. So können störende Knicke gar nicht erst entstehen. Haben sich doch Falten gebildet, lassen Sie den Bodenbelag einfach über Nacht liegen. Spätestens nach ein paar Tagen verschwinden die Knicke wieder.

Fugen: Durch ungenaues Messen oder unsauberes Zuschneiden des Teppichs entstehen oft Lücken. Fußleisten verdecken zumindest sehr schmale Fugen. Sichtbare Stellen sollten Sie allerdings aus optischen Gründen ausbessern. Schneiden Sie ganz dünne Streifen zu, und kleben Sie diese in die Lücken. Zum Befestigen eignet sich ein spezieller Teppichkleber aus der Tube.

MISS DO-IT-YOURSELF RÄT:

Gestalten Sie Ihren Boden mit Teppichfliesen

Besonders leicht lassen sich Teppichfliesen verlegen. Sie sind im Format 40 x 40 oder 50 x 50 Zentimeter mit einem selbstklebenden oder einem rutschfesten Rücken erhältlich. Gestalterisch bieten sich Ihnen viele Möglichkeiten, wenn Sie zwei oder mehrere Farben wählen und ein Muster legen. Kaufen Sie ein paar Fliesen mehr, damit Sie fleckige Exemplare später austauschen können.

Reparieren

Herrscherin über Abfluss & Co

Tropfende Wasserhähne, abgebrochene Scharniere oder verstopfte Abflüsse entlocken Ihnen künftig nur noch ein mildes Lächeln. Und wenn Ihre Freundin um Hilfe bittet, sind Sie schon längst mit dem Werkzeugkasten unterwegs.

DIY

Türe, öffne dich

Es hakt im Türschloss, und der Schlüssel lässt sich nur noch schwer bewegen? Dann ist es an der Zeit, das kaputte Schloss oder den Schließzylinder zu tauschen.

Auch wenn Sie aus Sicherheitsgründen den Schließzylinder der Wohnungstür wechseln wollen, müssen Sie keinen Fachmann beauftragen. Der Austausch des Zylinders oder des gesamten Schlosses gelingt nämlich ganz leicht.

ERST EINMAL MESSEN

Bevor Sie einen neuen Schließzylinder oder ein Einsteckschloss kaufen, bestimmen Sie die Größen und Abstände. Die Schließelemente können Sie nämlich nicht einfach mit in den Baumarkt nehmen – sonst würde die Wohnungstür offen stehen. Ermitteln Sie zuerst die Länge des Schließzylinders. Dazu setzen Sie den Zollstock an der Stellschraube an und messen bis zum Schutzbeschlag. Die Stellschraube befindet sich im Einsteckschloss an der Türinnenkante. Auf beiden Seiten der Tür sind die Schutzbeschläge mit Klinke und Knauf aufgesetzt. Ausgehend von der Stellschraube messen Sie in beide Richtungen. Das ist wichtig, da die zwei Seiten des Zylinders mitunter verschiedene Längen besitzen. An der Türaußenseite sollte der Schließzylinder bündig mit dem Schutzbeschlag enden. Möchten Sie auch neue Beschläge kaufen, müssen Sie den Abstand vom Zylinder zum Türknauf bestimmen. Dieser beträgt entweder 72 oder 92 Millimeter.

RUCK, ZUCK EIN- UND AUSBAUEN

Zuerst drehen Sie die Stellschraube aus dem Einsteckschloss. Nun drücken oder ziehen Sie den Zylinder aus der Tür. Setzen Sie den neuen Schließzylinder ein und testen Sie mit dem Schlüssel, ob sich das Schloss auf- und zusperren lässt. Erst dann befestigen Sie den Zylinder mit der Stellschraube.

Falls das Einsteckschloss kaputt ist und getauscht werden muss, lösen Sie die Stellschraube, entfernen den Zylinder und die beiden Schutzbeschläge. Drehen Sie beide Schrauben des Einsteckschlosses heraus und entnehmen es. Jetzt können Sie das neue Schloss einsetzen und mit den Schrauben an der Tür befestigen. Zum Schluss montieren Sie die Schutzbeschläge am Türblatt und den Schließzylinder.

Sie brauchen nur einen Schraubendreher – und schon kann es losgehen

Damit sich der Schließzylinder entfernen lässt, lösen Sie zuerst die Stellschraube im Einsteckschloss.

Ziehen Sie den defekten Zylinder mit Hilfe des Schlüssels aus dem Schloss heraus.

Danach entfernen Sie die beiden übrigen Schrauben, die Schutzbeschläge und das Einsteckschloss.

Montieren Sie das neue Schloss sowie Beschläge und Zylinder. Vergessen Sie die Stellschraube nicht!

Endlich wieder Ruhe

Quietschen, Knarren, Schleifen – Holztüren entwickeln manchmal ein Eigenleben und verhalten sich plötzlich sehr seltsam.

Sie kennen das Phänomen: Bisher ließ sich die Zimmertür immer geräuschlos öffnen und schließen. Doch auf einmal klemmt sie, schleift über den schönen Holzboden oder quietscht, sobald jemand den Raum betritt. Was ist da bloß los, dass die sonst so unauffällige Tür nicht mehr funktionieren will?

HOLZ «ARBEITET» IMMER

Seien Sie beruhigt: Bei Holztüren sind solche Verhaltensweisen völlig normal. Das Naturprodukt Holz kann nämlich über seine Fasern Feuchtigkeit aus der Raumluft aufnehmen und auch wieder an sie abgeben. Man bezeichnet diese Eigenschaften als Quellen und Schwinden. Dabei dehnt sich das Holz entweder aus oder zieht sich zusammen. Dieser Prozess lässt sich vor allem beim Wechsel der Jahreszeiten bzw. zu Beginn oder am Ende einer Heizperiode beobachten. Das Klemmen und Schleifen vergeht nach einer gewissen Zeit wieder. So lange müssen Sie allerdings nicht warten, sondern können mit einigen Tricks selbst nachhelfen.

HILFE, WENN ES KLEMMT

Die einfachste und schnellste Methode, um klemmende und schleifende Türen zu reparieren, sind kleine Korrekturen an den Türbändern. Diese finden Sie oben und unten im Türblatt und in der Zarge. Die Bänder verbinden die Tür mit dem Rahmen und werden oft auch als Türangeln bezeichnet. Um die Bänder richtig einstellen zu können, müssen Sie die Tür zuerst aushängen. Gehen Sie dabei so vor: Öffnen Sie die Tür zur Hälfte, umfassen Sie die Türklinken auf beiden Seiten und klemmen Sie das Türblatt zwischen die Knie. Nun gehen Sie leicht in die Hocke und heben die Tür mit einem kräftigen Ruck nach oben, so dass sich die Bänder voneinander lösen. Umfassen Sie mit einer Hand die andere Seite der Tür, damit sie nicht umkippt. Anfangs kann es etwas haken, sollte aber bei modernen Zimmertüren gut klappen. Bei älteren Modellen mit eingerosteten Bändern oder Türen aus Massivholz benötigen Sie Geduld und etwas mehr Kraft. Prüfen Sie, ob eventuell eine Schraube zu lösen ist.

Bei klemmenden Zimmertüren sitzt vielleicht nur eine Schraube locker

Türbänder **Die Bandoberteile befinden sich im Türblatt (li.), während die Bandunterteile mit den Drehbolzen an der Zarge befestigt sind (re.).**

Fitschenringe **Legen Sie Ringe auf die Bänder, sitzt die Tür höher und schleift nicht mehr am Boden.**

Stellschraube **Das Türband im Rahmen bringen Sie in Position, indem Sie die Stellschraube lösen.**

Hobeln **Setzen Sie den Hobel leicht schräg an und führen Sie ihn mit kurzen, aber kraftvollen Bewegungen über die Unterkante der Tür.**

Schleifen **Brechen Sie die rauen Hobelkanten mit Schleifpapier.**

Selbst die hartnäckigsten Exemplare geben endlich Ruhe, wenn Sie das Türblatt mit einem Hobel kürzen

Ist die Tür ausgehängt, können Sie sich den Türbändern zuwenden. Die Bandoberteile im Türblatt lassen sich durch ihre Schraubverbindung leicht wieder ausrichten. Drehen Sie die Bänder einfach nach vorn oder nach hinten, bis sie eine gerade Position erreicht haben. Die Bandunterteile, die in der Türzarge montiert sind, justieren Sie über eine seitliche Stellschraube im Rahmen. Mit dem Schraubendreher oder einem Inbusschlüssel lösen Sie die Schraube zuerst ein wenig, richten das Band aus und ziehen die Schraube wieder an. Hilfreich sind auch sogenannte Fitschenringe. Diese Metallringe werden über die Drehbolzen der Bandunterteile gestülpt, die mit dem Türrahmen verbunden sind. Sie funktionieren wie eine Unterlegscheibe und erhöhen die Tür um einige Millimeter. Reicht ein Ring nicht aus, können Sie auch zwei benutzen. Je nachdem, an welcher Stelle die

Tür schleift, setzen Sie auf das obere Band zwei und auf das untere einen Fitschenring oder umgekehrt. Durch Einhängen sowie durch Öffnen und Schließen der Tür prüfen Sie nun, ob alles passt.

HOBELN UND SCHLEIFEN

Bringen diese Maßnahmen nicht den gewünschten Erfolg und schleift die Tür nach wie vor über den Boden, müssen Sie das Türblatt kürzen. Da es sich meistens um wenige Millimeter handelt, ist der Einsatz einer Stich- oder Handsäge nicht unbedingt zu empfehlen. Das Ergebnis würde zu ungenau ausfallen. Verwenden Sie stattdessen einen Hobel. Bevor Sie dieses Werkzeug kaufen, fragen Sie erst einmal Bekannte oder Ihre Nachbarn – denn sehr oft werden Sie dieses Gerät sicherlich nicht benötigen. Um die schleifende Stelle ausfindig zu machen, öffnen Sie die hängende Tür ganz langsam. Dabei lässt sich schnell erkennen, wo Boden und Tür sich berühren. Markieren Sie den Bereich mit dem Bleistift. Das ausgehängte Türblatt legen Sie auf zwei Holzböcke oder eine andere stabile Unterlage (keinesfalls auf den Fußboden). An der markierten Stelle setzen Sie den Hobel schräg an und fahren mit dem eingelassenen Messer kräftig darüber. Arbeiten Sie immer von außen nach innen, damit die Türkanten nicht ausreißen. Um nicht zu viel Material auf einmal zu entfernen, sollten Sie zwischendurch ausprobieren, ob sich die Tür besser schließen lässt. Zum Schluss schleifen Sie die rauen Hobelkanten mit einem feinen Schleifpapier (180er) leicht an. Nun hängen Sie das Türblatt ein, und fertig ist die Reparatur.

MISS DO-IT-YOURSELF RÄT:

Quietschen die Türen, hilft eine Portion Schmieröl

Zimmertüren, die quietschen, können ganz schön nerven. Deshalb hole ich schon bei den ersten lästigen Geräuschen das Scharnieröl aus dem Werkzeugkasten. Bevor es losgeht, hebe ich die Tür aus den Angeln und stelle sie beiseite. Mit dem Öl beträufle ich alle Türbänder. Überschüssige Flüssigkeit tupfe ich vorsichtig mit Küchenpapier ab. Eine Alternative zum Scharnieröl sind Silikonsprays. Sie eignen sich für Metalle und Kunststoffe und sorgen ebenfalls dafür, dass Türen sowie auch Fenster und Schranktüren nicht mehr quietschen. Nach dem Einhängen der Tür herrscht endlich wieder Ruhe!

Abfluss frei und Wasser marsch

Ein verstopfter Abfluss gehört zu den häufigsten Wartungsaufgaben im Haushalt. Angenehm ist die Arbeit nicht, dafür einfach und schnell erledigt.

Probieren Sie nicht lange irgendwelche Hausmittelchen aus, wenn der Abfluss verstopft ist. Auch auf chemische Abflussreiniger sollten Sie der Umwelt zuliebe verzichten. Beim Einsatz solcher Produkte können sogar die Rohre beschädigt werden oder komplett verstopfen. Kommt das Granulat mit Wasser in Berührung, beginnt eine chemische Reaktion, bei der viel Hitze entsteht. Vor allem Kunststoffrohre sind anfällig für diese Temperaturen. Durch die entstehende Hitze können Seife, organische Reste (z. B. Haare) und Reiniger zu einer festen, harten Masse verklumpen. Durch das Rohr fließt dann kein Wasser mehr.

ARBEITEN WIE DIE PROFIS

Verstopfte Abflüsse an Waschbecken bekämpfen Sie am besten, indem Sie den Siphon unterhalb des Beckens abschrauben. Dieser besitzt meistens drei Feststellringe, über die sich das

Abflussrohr lösen lässt. Oft reicht es schon aus, das Kniestück abzunehmen, also den gebogenen Teil des Siphons. Hier lagern sich viele Reste ab. Manchmal kann die Verstopfung auch weiter reichen. In diesem Fall ziehen Sie das waagerecht montierte Rohrstück aus der Wand heraus und säubern das dahinter liegende Abflussrohr mit einer langen Flaschenbürste. Bevor Sie den Siphon wieder montieren, kontrollieren Sie, ob die schwarzen Dichtungsringe noch vorhanden und völlig intakt sind. Falls nicht, müssen Sie unbedingt für Ersatz sorgen, damit der Ablauf richtig dicht ist.

Auch die Rohre der Badewanne und der Dusche sind häufig verstopft. An die Abflüsse kommen Sie nicht ohne Weiteres heran. Erfolg verspricht der Einsatz einer Gummi-Saugglocke (auch «Pümpel» genannt). Dieses Werkzeug besteht aus einem Saugnapf mit Holzstiel. Den Überlauf an der Wanne oder der Dusche kleben Sie mit Klebeband zu oder pressen ein Tuch davor. Geben Sie etwas warme Seifenlauge in den Abfluss, und drücken Sie dann die Saugglocke fest darüber. Indem Sie den Stiel nun gleichmäßig nach oben und unten bewegen, entsteht ein Unterdruck, der die Verstopfung löst.

Mit der Rohrzange lösen Sie zuerst die Feststellringe am gebogenen Teil des Siphons.

Nehmen Sie das Kniestück vorsichtig ab. Das Sperrwasser schütten Sie in den untergestellten Eimer.

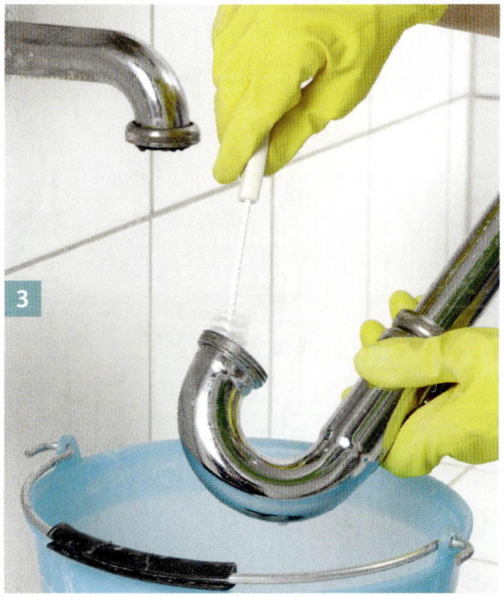

Mit einer länglichen Bürste entfernen Sie Ablagerungen. Schrauben Sie dann das Rohr wieder fest.

Vergessen Sie nicht, auch den Abfluss am Waschbecken mit der Bürste zu reinigen.

Es tropft ...

Platsch, platsch, platsch – ein undichter Wasserhahn kann ganz schön nerven. Aber nicht nur das: Jeder Tropfen kostet Sie bares Geld. Also, handeln Sie schnell.

Ein tropfender Wasserhahn kommt in den besten Haushalten vor. Schuld daran ist schlichtweg Kalk. Die Ablagerungen setzen sich nicht nur in Rohren und Leitungen fest, sondern eben auch im Wasserhahn. Dort greift der hartnäckige Kalk die Dichtungsringe aus Gummi an und lässt sie porös werden. Das sind ganz normale Verschleißerscheinungen. Nach einiger Zeit müssen Sie die Gummidichtungen einfach austauschen, damit das Wasser nicht ungenutzt durch den Abfluss rauscht. Dabei können sogar bis zu fünf Liter pro Tag zusammenkommen. Grund genug, rasch zu handeln.
Kalk setzt sich gerne auch im Strahlregler fest und verhindert dadurch, dass das Wasser gleichmäßig aus dem Hahn fließt.

WAS IST EIN STRAHLREGLER?

Luftsprudler, Mischdüse oder Perlator sind andere Worte für den sogenannten Strahlregler. Dabei handelt es sich um einen Aufsatz, der am Auslass des Hahns aufgeschraubt wird. Er sorgt dafür, dass das Wasser als weicher, gleichmäßiger und spritzfreier Strahl aus der Armatur fließt. Gleichzeitig reduzieren die Regler auch den Verbrauch, indem sie dem Wasser etwas Luft

Entkalken Sie hin und wieder den Strahlregler

Schrauben Sie den Regler vom Wasserhahn ab. Oft sitzt er durch Kalkablagerungen so fest, dass Sie eine Rohrzange benutzen müssen.

Die lockeren Teile trennen Sie und entkalken sie in einem Bad aus Wasser und Zitronensäure.

Kalk und andere Ablagerungen, die sich im Sieb festgesetzt haben, werden durch die Säure aufgelöst.

zusetzen, wodurch der Strahl voller wirkt. Im Inneren dieser Mischdüse befindet sich ein sehr feines Sieb. Hier bleiben Schwebstoffe, Kalk und andere Ablagerungen hängen. Sie sind der Grund dafür, weshalb der Wasserstrahl irgendwann nicht mehr so gleichmäßig fließt. Schrauben Sie in diesem Fall den Strahlregler vom Hahn ab, nehmen Sie die losen Teile auseinander und legen sie in ein Bad aus Wasser und Zitronensäure bzw. Essig oder Kalkentferner. Häufig lässt sich der Regler nur mit etwas Kraftaufwand entfernen, weil die Schraubverbindung verkalkt ist. Verwenden Sie eine Rohr- oder Wasserpumpenzange, um den Aufsatz zu lockern.

Nach der Reparatur können Sie sich der bewundernden Blicke Ihrer Freundinnen sicher sein

WASSER VORHER ABDREHEN

Bevor Sie mit den Arbeiten an Ihrer Armatur beginnen, stellen Sie das Wasser ab. Entweder Sie drehen direkt den Hauptwasserhahn zu oder Sie schließen die Eckventile für Warm- und Kaltwasser. Sie befinden sich unter dem Waschbecken. Auf beiden Ventilen sitzen chromfarbene Kappen, die sich zuschrauben lassen. Durch anschließendes Öffnen des Hahns können Sie prüfen, ob tatsächlich kein Wasser mehr fließt.

EIN- UND ZWEIGRIFF-ARMATUREN

Bei der Reparatur von Armaturen spielt in erster Linie die Art des Wasserspenders eine Rolle. Handelt es sich um eine Armatur mit zwei Griffen – einem für heißes und einem für kaltes Wasser – ist die Reparatur recht einfach. Bei allen abschraubbaren Teilen sollten Sie überprüfen, ob die Gummidichtungen noch intakt sind. Nehmen Sie dazu beide Griffe ab. Darunter sitzt der Ventilkörper. An seinem unteren Ende befindet sich der Dichtungsring.

Einhebelarmaturen besitzen einen Griff, der nach oben geöffnet und dann nach links oder rechts gedreht wird. Ein kleines blau-rotes Symbol unterhalb des Hebels zeigt an, in welcher Position warmes oder kaltes Wasser fließt. Im Inneren der Armatur befindet sich eine Kartusche, die kaltes und heißes Wasser mischt. Tropft eine Einhebelarmatur, liegt das oft an einer defekten Kartusche. Ob Sie diese austauschen können, hängt vom Modell ab. Bei Markenprodukten ist ein Wechsel meistens möglich. Eine Ersatzkartusche bestellen Sie direkt beim Hersteller und bauen diese in Eigenregie ein. Preiswerte Modelle lassen sich oft leider nicht reparieren und müssen daher komplett ersetzt werden. Entfernen Sie den kaputten Wasserhahn, indem Sie die Schraube unter dem Waschbecken lösen. Die Anschlüsse der neuen Armatur führen Sie durch die Öffnung des Beckens und schrauben den Hahn von unten fest.

MISS DO-IT-YOURSELF RÄT:

Ein Stofflappen schützt vor hässlichen Kratzern

Wenn ich mit der Rohrzange an meine Bad- oder Küchenarmaturen ran muss, benutze ich immer einen Lappen. Damit die verchromten Oberflächen nicht zerkratzen, wickle ich den Stoff um den Strahlregler oder um die Schraubverbindung am Hahn und setze dann erst die Zange an. So brauche ich mich später nicht über hässliche Macken an den teuren Armaturen ärgern.

Tauschen Sie alte und kaputte Dichtungsringe aus

1 Zuerst entfernen Sie die Abdeckkappe. Diese kann auch wie ein grauer Deckel aussehen.

2 Mit dem Schraubendreher lösen Sie die im Griff sitzende Schraube. Danach können Sie den Griff ganz leicht abnehmen, um an den Ventilkörper und die Dichtung heranzukommen.

3 Das Ventil ist mit dem Armaturenfuß verschraubt. Lösen Sie es mit Hilfe eines Maulschlüssels.

4 Schrauben Sie den Ventilkörper heraus, und tauschen Sie die alte Dichtung gegen eine neue.

5 Nun setzen Sie das Ventil wieder ein, ziehen es fest an und montieren Griff und Abdeckkappe.

Schneller **Wechsel**

Gesprungene oder angebohrte Fliesen sehen wenig schön aus. Finden Sie sich nicht damit ab. Kaputte Kacheln lassen sich ganz leicht austauschen.

Eine Bodenfliese geht schneller zu Bruch, als man denkt. Fällt ein schwerer Gegenstand herunter, bleibt das selten ohne Spuren. Abgeplatzte Stellen in der Glasur oder feine Haarrisse sind die Folge. Auch bei Wandfliesen kann ein Wechsel notwendig werden, zum Beispiel, wenn Bohrlöcher das Gesamtbild verunstalten. In beiden Fällen lässt sich dagegen etwas unternehmen. Sie brauchen bloß Ersatzfliesen und etwas Werkzeug.

MIT FRÄSER, HAMMER, MEISSEL

Zunächst müssen Sie die beschädigte Fliese aus der Wand oder dem Boden herauslösen. Beginnen Sie mit den Fugen: Diese können Sie sehr gut mit einem Fräswerkzeug entfernen. Führen Sie den diamantbestückten Fräser vorsichtig entlang der Fugen, bis Sie zum Untergrund vorgedrungen sind. Nun ist etwas Feingefühl gefragt, denn Sie müssen die verklebte Fliese so von der Wand oder dem Boden abschlagen, dass die umliegenden Platten nicht beschädigt werden. Verwenden Sie für diese Arbeit Hammer und Meißel. Die Metallklinge des Meißels setzen Sie an der Fuge oder am Bohrloch an und schlagen mit dem Hammer vorsichtig auf das Endstück des Meißels. Wiederholen Sie das so lange, bis sich die Fliese lockert. Anschließend entfernen Sie diese komplett und beseitigen die Spuren des alten Fliesenklebers. Das klappt ebenfalls mit Hammer und Meißel. Feine Reste verschwinden mit dem Fräser.

FERTIGER FLIESENKLEBER

Um die Ersatzfliese am Küchenspiegel oder Fußboden zu befestigen, benutzen Sie am besten Fertig-Kleber. Dieser ist gebrauchsfertig und kann sofort verarbeitet werden. Material- und kostensparend sind kleine Dosen mit nur einem Kilogramm Inhalt. Auch die Fugenmasse gibt es in kleinen Packungseinheiten. Zum Auftragen des Klebers benötigen Sie einen Zahnspachtel aus Metall oder Kunststoff. Für kleine Fliesenformate wählen Sie einen Spachtel mit kleiner Zahnung, bei großen Fliesen sollten die Zähne entsprechend größer ausfallen.

Fräsen Sie die Fugen aus, so dass die Fliese rundherum frei liegt.

Mit Hammer und Meißel schlagen Sie die Fliese vorsichtig heraus.

Auf die neue Fliese geben Sie mit einem Zahnspachtel etwas Kleber.

In die frei gelegte Stelle setzen Sie die Fliese ein und richten sie aus.

Ist der Fliesenkleber getrocknet, können Sie verfugen.

Frische Fuge ohne Schimmel

Die Luftfeuchtigkeit ist in Bädern sehr hoch, wodurch Schimmel entstehen kann. Sobald sich schwarze Flecken auf den Silikonfugen bilden, sollten Sie sofort handeln.

Mit Silikon dichtet man die Ecken an der Badewanne, am Dusch- und Waschbecken sowie am Fußboden ab. Die elastische Dichtmasse verhindert, dass sich das Wasser seinen Weg hinter die Fliesen bahnen kann. Deshalb müssen beschädigte, aber auch schimmlige Silikonfugen unbedingt erneuert werden. Diese Arbeit können Sie selbst erledigen.

Die alte Dichtmasse entfernen Sie mit dem Fugenhai – einem Werkzeug mit scharfer Kunststoff- oder Metallklinge – oder einem Cuttermesser. Silikon ist etwas hartnäckig, aber mit ein wenig Geduld rücken Sie ihm schon zu Leibe. Letzte Reste verschwinden, wenn Sie einen Silikonentferner auftragen und einwirken lassen. Säubern Sie dann die Stellen.

GLATTE FUGEN ZIEHEN

Silikon befindet sich in sogenannten Kartuschen. Um es herauszupressen, ist eine Kartuschen-Pistole nötig. Kartusche einsetzen, Kopf und Düse aufschneiden. Wichtig: Üben Sie gleichmäßigen Druck aus und ziehen Sie die Fuge in einem Tempo. Überschüssige Masse entfernen Sie mit dem Spachtel. Die Fugen benötigen mindestens zwei Tage zum Trocknen.

Mit dem Zahn des Fugenhais entfernen Sie die alten Silikonfugen.

Lösen Sie die Reste des Silikons mit dem Schaber am Fugenhai.

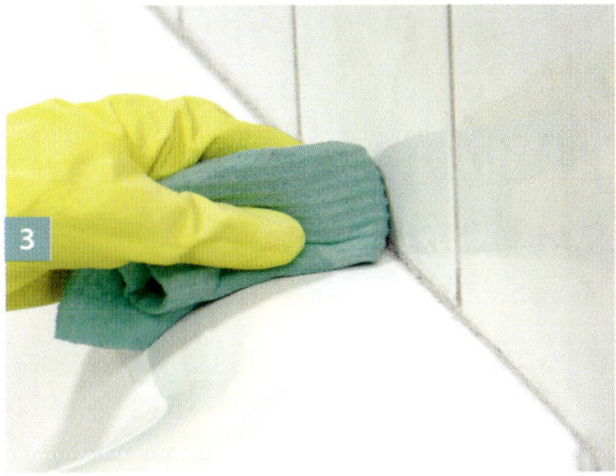

Säubern Sie die Stellen. Falls nötig benutzen Sie Silikonentferner.

Ohne Kartuschen-Pistole geht's auch

Nicht immer brauchen Sie eine Pistole für Silikonkartuschen. Einige Hersteller liefern Flaschen, die direkt über einen Hebel zu bedienen sind. Das erleichtert das Dosieren, und der Kraftaufwand ist geringer.

Kartuschen-Pistole ansetzen und eine gleichmäßige Fuge ziehen.

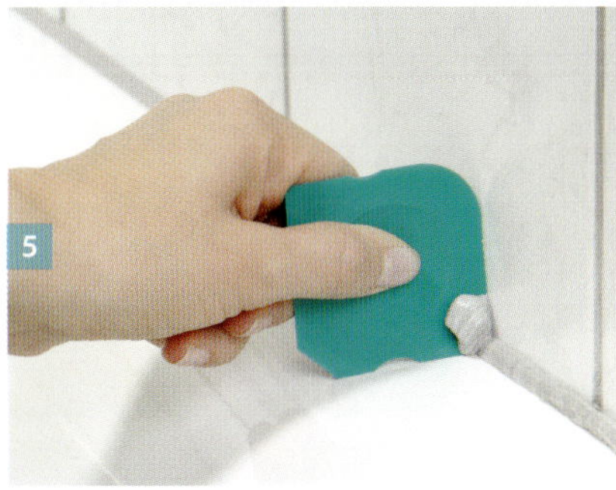

Mit dem Kunststoffspachtel entfernen Sie überschüssiges Silikon.

Keine **Löcher** mehr

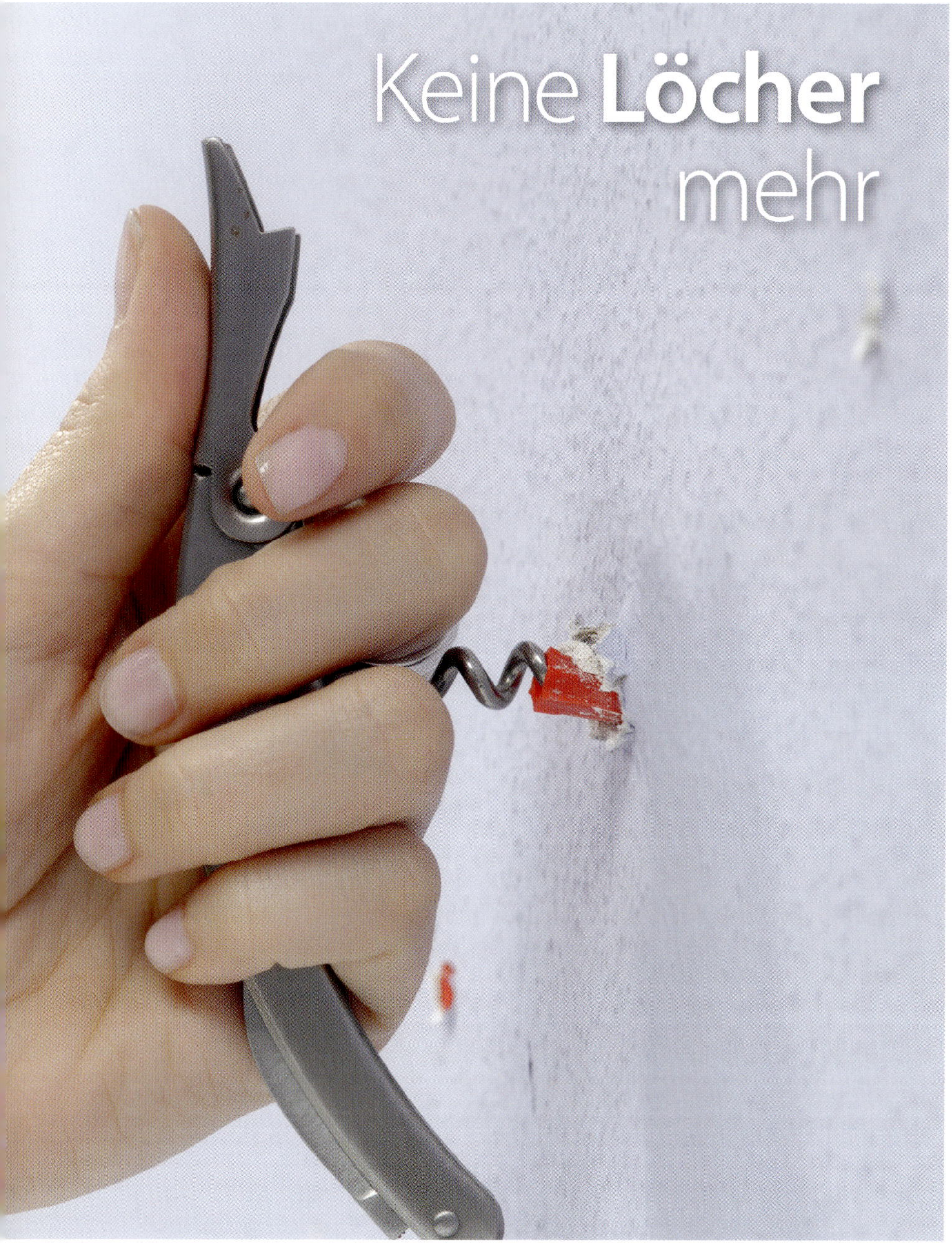

Wenn sich Ihre Wände nach einer kleinen Umräum-Aktion als Schweizer Käse präsentieren, wird es Zeit, den Löchern zu Leibe zu rücken – mit einer Spachtelmasse geht das ganz fix.

Ob Sie aus Ihrer Wohnung ausziehen, Ihre Möbel umstellen oder alte Bilder entfernen wollen – jede dieser Veränderungen offenbart so einige Löcher in den Wänden. Spuren von Nägeln lassen sich noch verschmerzen, gebohrte Löcher aber nicht.
Die Lösung lautet: Fertig-Spachtelmasse aus der Tube. Bevor sie zum Einsatz kommt, müssen Sie zuerst die Dübel entfernen. Häufig entdeckt man in Mietwohnungen überspachtelte Dübel – das sieht nicht gut aus und ist auch nicht gerade professionell. Dabei bedeutet es kaum mehr Aufwand, Dübel zu entfernen, und das Ergebnis ist hundertmal besser.
Wie Sie den Dübel aus der Wand bekommen? Ganz einfach: Drehen Sie die darin befindliche Schraube etwas heraus. Mit der Zange ziehen Sie sie samt Dübel aus dem Loch. Dübel ohne Schraube lassen sich gut mit einem Korkenzieher entfernen.

EINFÜLLEN UND FERTIG

Nun können Sie die gebrauchsfertige Masse einfüllen. Schneiden Sie zuerst die spitz zulaufende Düse der Tube auf, so dass sie in das Bohrloch passt. Je weniger Sie abschneiden, desto dünner wird der Strang – perfekt für kleine Löcher. Geben Sie so viel Paste hinein, bis die Vertiefung geschlossen ist und etwas Masse hervorquillt. Mit einem schmalen Malerspachtel verteilen Sie die Reparaturpaste und glätten die Oberfläche rund um das Loch mit Schleifpapier. Lassen Sie die Spachtelmasse gut durchtrocknen, bevor Sie die Stellen mit etwas Farbe überstreichen.

WATTEWEICHE FÜLLUNG

Es gibt noch eine Alternative: Watte. Ja, Sie haben richtig gelesen. Mit den flauschigen Baumwollfasern können Sie tatsächlich Löcher schließen. Allerdings sollte es sich dabei um kleinere Bohr- oder Nagellöcher handeln. Stopfen Sie einzelne Fasern mit einem Nagel oder einem kleinen Schraubendreher in das Loch, bis es gut gefüllt ist und eine glatte Oberfläche entsteht. Danach betupfen Sie die Stelle mit etwas Farbe. Besonders unauffällig ist diese Reparatur bei Wänden mit Raufasertapete. Wozu Watte nicht alles gut sein kann!

1

Um alte Dübel aus dem Bohrloch herauszubekommen, verwenden Sie einfach einen Korkenzieher.

2

Füllen Sie eine Reparaturpaste in die Löcher, und glätten Sie die Oberfläche mit einem Spachtel.

3

Ist die Spachtelmasse getrocknet, schleifen Sie die Stellen leicht mit feinkörnigem Sandpapier an.

4

Mit Farbresten übermalen Sie die verspachtelten Löcher. Heben Sie sich also immer etwas Farbe auf.

So verschwinden die Kratzer

Mitten in Ihrem schönen Laminat prangt auf einmal eine hässliche Schramme? Bleiben Sie ganz entspannt. Reparatur-Paste zaubert den Kratzer einfach weg.

Wie im Kapitel «Laminat verlegen» erläutert, bestehen Laminatböden aus einer dünnen, bedruckten Dekorschicht. Diese ist in der Regel sehr stabil, damit alle großen und kleinen Füße, die täglich über den Boden laufen, keine Spuren hinterlassen. Hin und wieder kann es allerdings passieren, dass plötzlich ein Loch oder ein großer Kratzer im Laminat prangt. Im ersten Moment werden Sie sich vielleicht darüber ärgern. Das ist aber gar nicht nötig. Schließlich gibt es auch hier Möglichkeiten, die versehrte Stelle schnell zu reparieren.

FARBIGE REPARATUR-PASTEN

So beseitigen Sie den Makel am Dekor: Kaufen Sie im Baumarkt ein Reparatur-Set für Laminatböden. Dieses sollte Pasten enthalten, die Sie individuell abmischen können. Das hat den Vorteil, dass sich ausgebesserte Stellen später kaum noch vom Boden abheben werden.

Die Grundpaste mischen Sie einfach mit der enthaltenen Pigmentfarbe ab. Je nach Bodendekor müssen Sie unterschiedliche Farben tröpfchenweise hinzugeben, um den gewünschten Ton zu erhalten. Dabei hilft eine Farbskala, die dem Set beiliegt. Rund um den Kratzer oder das Loch soll der Belag sauber bleiben. Das gelingt, wenn Sie die Stelle mit etwas Malerkreppband abkleben. Nun tragen Sie die Reparatur-Paste mit dem Kunststoffspachtel auf und verteilen sie gleichmäßig.

MIT WACHS GEHT'S AUCH

Damit ist aber nicht etwa Kerzenwachs gemeint, sondern ein spezielles Hartwachs. Ähnlich wie die Reparatur-Pasten gibt es das Wachsprodukt in verschiedenen Farbtönen. Suchen Sie sich den passenden für Ihren Bodenbelag aus. Mit einem Schmelzgerät erhitzen Sie das Wachs und füllen mit der dickflüssigen Masse die Vertiefung im Boden. Nach dem Abkühlen ist das Hartwachs fest und versiegelt die reparierte Stelle. Weichwachs, das ohne Schmelzen verarbeitet wird, können Sie ebenfalls verwenden. Allerdings härtet es nicht ganz so gut aus, weshalb Sie womöglich nach einiger Zeit nachbessern müssen.

Das abgeplatzte Dekor offenbart die darunterliegende Schicht. Schön sieht das wirklich nicht aus.

Geben Sie die Pigmentfarbe tröpfchenweise zur Reparatur-Paste und vermischen beides.

Den Bereich mit Malerkreppband abkleben und die Paste mit dem Spachtel auftragen.

Vorsichtig schleifen Sie die Kanten mit einem feinen Schleifpapier (180er oder 220er Körnung) an.

Fast neu: Nach der Reparatur strahlt der Boden so perfekt wie früher

Die Luft muss raus

Mit einem verdächtigen Gluckern fängt es an, dann läuft der Heizkörper plötzlich nur noch mit halber Kraft und bleibt lauwarm. Unternehmen Sie etwas dagegen, damit Sie Winterabende nicht in Daunenjacke und Schal auf dem Sofa verbringen müssen.

Es bleibt kalt in Ihrer Wohnung, obwohl die Heizung auf Hochtouren läuft? Wenn sich der Heizkörper allenfalls handwarm anfühlt, könnte Luft daran schuld sein. Sie verhindert, dass sich die Wärme im Inneren des Heizkörpers gleichmäßig verteilt.

Damit es wieder gemütlich warm in Ihrem Heim wird, muss die Luft ganz einfach raus aus dem Heizkörper. Diesen zu entlüften, ist keine große Sache und in wenigen Minuten erledigt. Sie brauchen nur ein kleines Helferlein: einen Entlüftungsschlüssel. Er besitzt eine quadratische Vertiefung, die auf das Vierkant-Ventil des Heizkörpers passt. Sie fragen sich, wo sich das Ventil befindet? Sehen Sie doch einmal an Ihrem Heizkörper nach: Auf der einen Seite ist das Thermostat-Ventil angebracht, mit dem Sie die Temperatur regeln, auf der anderen Seite finden Sie das Ventil zum Entlüften.

Der Vierkant-Schlüssel passt genau auf das Heizkörperventil. Sie können ihn im Baumarkt oder im Sanitärfachgeschäft kaufen.

WASSER IM HEIZKÖRPER

Bevor Sie das Ventil mit dem Schlüssel öffnen, besorgen Sie sich ein kleines Gefäß. Das kann ein Glas oder auch ein leerer Joghurt-Becher sein. Warum das nötig ist? In jedem Heizkörper befindet sich Wasser, das beim Heizen erhitzt und als Wärme in den Raum abgegeben wird. Beim Öffnen des Ventils entweicht als Erstes die Luft, dann das Wasser. Halten Sie deshalb Glas oder Becher unter das Ventil. Etwas Wasser darf austreten, um sicherzugehen, dass die Luft komplett entwichen ist. Zu viel Wasser sollte aber nicht auslaufen, weil das ebenfalls die Heizleistung behindern kann. Also, sobald sich etwas Wasser in dem Gefäß befindet, drehen Sie das Ventil einfach wieder mit dem Schlüssel zu.

Wenn sofort Wasser austritt, dann ist Luft nicht die Ursache für die kühlen Temperaturen. Informieren Sie Ihren Vermieter, oder bestellen Sie einen Heizungsinstallateur, der dem Problem fachkundig auf den Grund gehen wird.

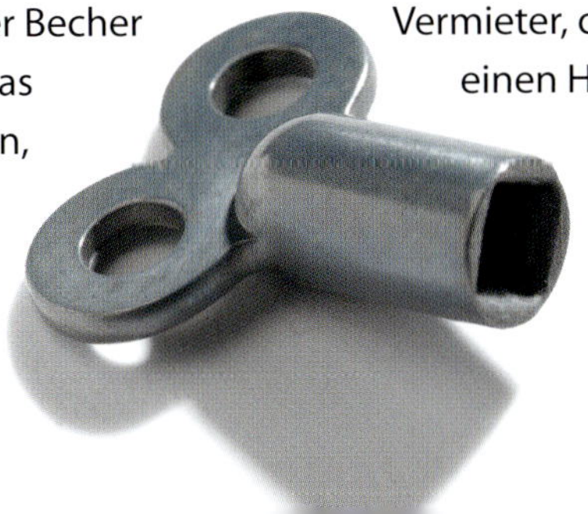

Neue Thermostat-Ventile sparen Geld

Alte Thermostat-Ventile sollten Sie gegen moderne Exemplare mit fünf Regel-Stufen tauschen. Noch besser sind Ventile, die ein Programmieren der Heiztemperatur und der Uhrzeit ermöglichen. Dadurch lassen sich Räume gezielter und energiesparender beheizen. Die Ventile können Sie sogar selbst wechseln.

Möbelreparatur leicht gemacht

Ihr Schrank ist längst kein Fall für den Sperrmüll, nur weil das Türscharnier herausgebrochen ist. In kurzer Zeit haben Sie den Schaden selbst behoben.

Mit Reparaturklebstoffen für Holz lassen sich herausgebrochene Möbelbeschläge wieder befestigen, und Ihr Lieblingsschrank kann dort bleiben, wo er hingehört – bei Ihnen zu Hause. Auch andere Schäden an Holzmöbeln beseitigen Sie ganz leicht. Dafür ist ein sogenannter Zweikomponenten-Kleber nötig, der aus einem Kunstharz und einem Härter besteht. Beide Substanzen befinden sich in getrennten Tuben und werden erst vor Gebrauch in der benötigten Menge miteinander vermischt. Danach sollten Sie den Klebstoff zügig verarbeiten, bevor der Härter wirken kann. Mit einem Holzspachtel tragen Sie die Masse sauber auf. Auch kaputte Bohrlöcher bei Scharnieren und Möbelgriffen verschließen Sie auf diese Weise. Der Kleber braucht zum Trocknen etwa fünf bis sechs Stunden. Eine zweite Schicht müssen Sie nur dann auftragen, wenn die Masse geschrumpft ist und die aufgefüllten Stellen nicht ganz eben und gleichmäßig aussehen. Zweikomponenten-Kleber bieten den Vorteil, dass sie sich nach dem Trocknen wie ganz normales Holz bearbeiten lassen. Das heißt, Sie können die ausgebesserten Stellen schleifen, sägen und bohren. Auch ein anschließender Farb- oder Lackanstrich ist möglich.

1

Vermischen Sie die zwei Komponenten des Klebers miteinander.

2

Füllen Sie ausgerissene Stellen und Bohrlöcher mit der Masse auf.

3

Ist der Klebstoff komplett getrocknet, schleifen Sie ihn etwas an.

4

Die Löcher für das Scharnier bohren Sie mit dem Akkuschrauber.

5

Setzen Sie das Scharnier ein und verschrauben Sie es mit der Tür.

Selbermachen

Ihre Majestät in Aktion

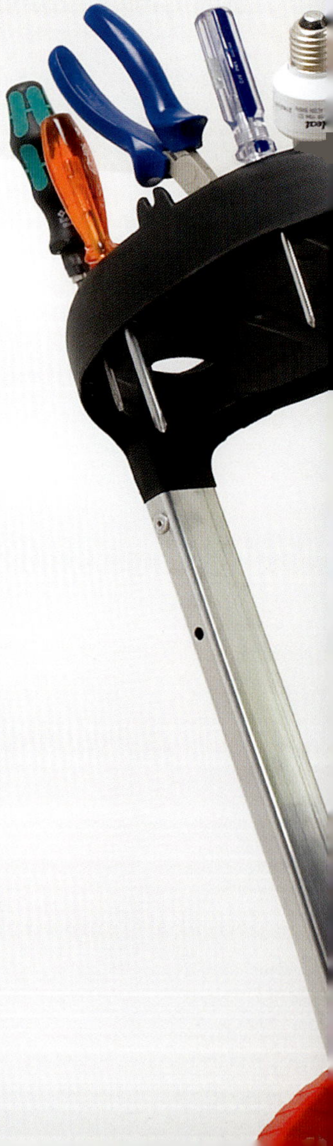

Du kannst eine Lampe anschließen? – Solche überraschten Fragen hören Sie von Freunden bald öfter. Richtig staunen werden sie aber, wenn Sie ihnen auch die selbst montierte Gardinenstange, die eingebaute Küchenspüle und die frisch lackierten Fliesen präsentieren.

DIY ACADEMY
Hailo

Ein Bilderrahmen
kommt selten allein

Bohren, Dübeln, Schrauben – mehr ist nicht zu tun, wenn Sie gerahmten Fotos oder Bildern einen schönen Platz an Ihren Wänden einräumen wollen.

Sie haben bereits entschieden, wo das neue Kunstwerk oder die Fotografien hängen sollen? Gut, dann können Sie gleich loslegen.
Markieren Sie mit einem Bleistift die Stelle für das Bild. Große und schwere Rahmen benötigen immer zwei Aufhängepunkte, also zwei Schrauben. Um deren Position zu bestimmen, messen Sie die Rückseite des Rahmens aus. Lassen Sie zu den Seiten drei bis sechs Zentimeter Platz, und übertragen Sie die Maße auf die Wand. Mit der Wasserwaage prüfen Sie, ob sich beide Punkte im Lot befinden. Schnappen Sie sich jetzt die Bohrmaschine und bohren Sie die Löcher.
Wollen Sie noch ein Bild danebenhängen, legen Sie erst den Abstand zwischen den beiden Rahmen fest und zeichnen Sie dann auf gleicher Höhe die Position der Schrauben an. Die Kontrolle mit der Wasserwaage ist hier wieder sehr wichtig, damit die Bilder später gerade nebeneinander hängen! Bei kleinen Bildern reicht übrigens eine Schraube aus. Sie können auch einen Nagel verwenden. Das klappt aber nur bei Wänden aus Gipskarton, Porenbeton oder Ziegelsteinen – in Beton lässt sich nämlich kein Nagel einschlagen.

Zeichnen Sie die Positionen mit Zollstock und Wasserwaage an.

Mit der Schlagbohrmaschine und einem Steinbohrer setzen Sie die Löcher.

Die Dübel schlagen Sie vorsichtig mit dem Hammer in alle Löcher.

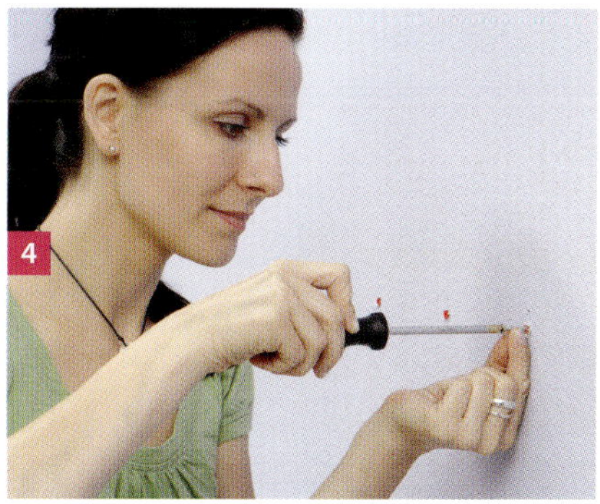

Nun drehen Sie die Schrauben ein und hängen alle Bilder auf.

Hier geht ein Licht an

In der neuen Wohnung im Dunkeln sitzen? Das muss wirklich nicht sein, denn die Leuchte können Sie selbst anschließen. Seien Sie aber vorsichtig!

Das Wichtigste zuerst: Der Umgang mit elektrischem Strom kann lebensgefährlich sein! Arbeiten an spannungsführenden Leitungen und Elektroinstallationen sollten Sie deshalb lieber den Profis überlassen. Das heißt jedoch nicht, dass Heimwerkerinnen keine Wand- und Deckenleuchten anschließen dürfen. Es gilt nur, einige wichtige Punkte zu beachten.

DIE SICHERUNG MUSS RAUS

Bevor Sie sich an den Stromleitern zu schaffen machen, drehen Sie immer die Sicherung am Stromkasten heraus bzw. legen Sie den Hauptschalter am Sicherungs- oder Verteilerkasten um. Auf diese Weise wird der Stromkreis unterbrochen. Den Lichtschalter im Zimmer auszuschalten, reicht auf keinen Fall aus. Zur Sicherheit sollten Sie mit einem Phasenprüfer testen, ob auf den Leitern keine Spannung mehr liegt.

Haben Sie den Hauptschalter am Sicherungskasten ausgestellt, testen Sie mit dem Phasenprüfer, ob noch Spannung auf der Leitung liegt.

Bohren Sie ein Loch neben den Kabelauslass an der Decke.

VORSICHT AUCH BEIM BOHREN

Um die Deckenleuchte aufzuhängen, muss ein Schraubhaken in der Decke montiert werden. Bohren Sie hierzu ein Loch. **Achtung:** Halten Sie genügend Abstand zu den Leitungen. Im ungünstigsten Falle könnten Sie das Stromkabel beschädigen. Sollte das tatsächlich passieren, informieren Sie direkt einen Elektriker. Er wird den Schaden beheben. Nach dem Bohren setzen Sie einen passenden Dübel und den Schraubhaken in das Loch.

Für Hohlraumdecken gibt es spezielle Dübel, die sich beim Einsetzen oder beim Eindrehen der Schraube spreizen.

LÜSTERKLEMME UND BALDACHIN

Am Kabel einfacher Deckenleuchten befindet sich eine verschiebbare Kunststoffhalterung, die auch als Zugentlastung bezeichnet wird. Diese hängen Sie an den Deckenhaken. Um die Leiter bzw. die Adern mit der Leuchte verbinden zu können, benötigt man sogenannte Lüsterklemmen. Diese Kunststoff-Klemmen besitzen oben und unten Öffnungen, in die Sie die Adern einschieben.

Spannung prüfen!

Arbeiten an offenen Stromleitungen können gefährlich werden. Gehen Sie auf Nummer sicher und testen Sie vorher mit einem Phasenprüfer, ob wirklich kein Strom mehr fließt. Das Prüfgerät mit eingebauter Glimmlampe ähnelt einem Schraubendreher. Halten Sie den Prüfer an die Ader der Leitung und drücken Sie mit dem Finger auf das Ende des Griffs. **Vorsicht:** Leuchtet die Lampe auf, führt der Leiter Spannung!

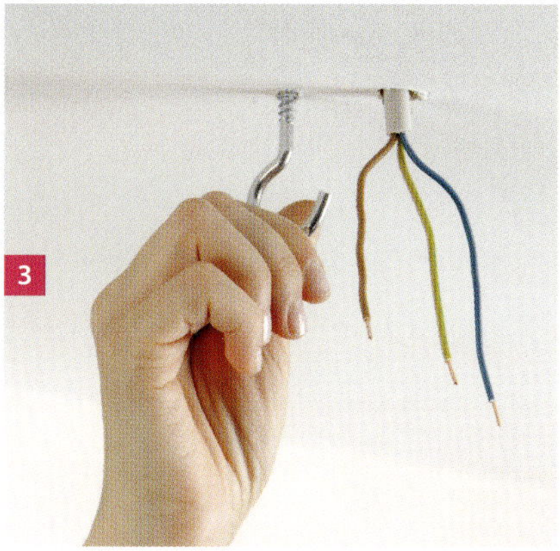

Den Deckenhaken drehen Sie in das gedübelte Loch ein.

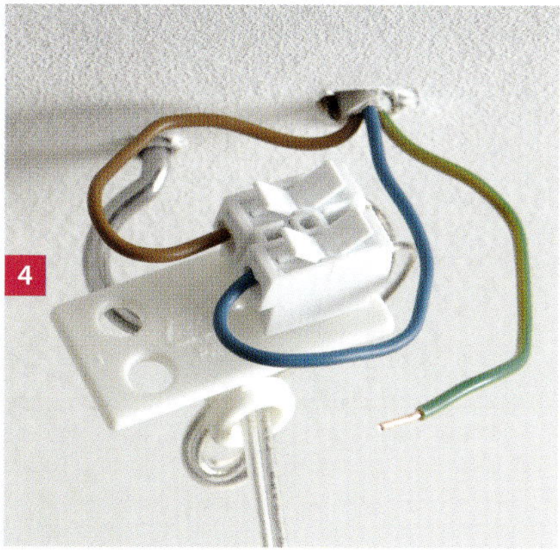

Schließen Sie den Phasen- und den Nullleiter an die Lüsterklemme an.

Zur Sicherheit setzen Sie an das Ende des Schutzleiters eine zusätzliche Lüsterklemme. Drehen Sie die Schraube fest, damit die Klemme hält.

Durch Festdrehen der kleinen Schrauben lassen sich die Leiter fixieren. Richtig angeschlossen sind Leuchten, wenn an den oberen beiden Öffnungen der blaue Nullleiter und die braune Phase sitzen. In den unteren Öffnungen stecken die Leiter der Leuchte. Bevor Sie die Adern in die Lüsterklemme schieben, müssen Sie ein paar Millimeter von dem Kunststoffmantel entfernen. Der Profi nennt diese Arbeit «entisolieren» und benutzt dafür eine Entisolierzange. Sie können auch ein nicht zu scharfes Messer zum Anritzen des Kunststoffs verwenden. Die unter dem Mantel liegenden Kupferdrähte dürfen Sie dabei auf keinen Fall beschädigen. Einige Deckenleuchten sind heute bereits mit einer Art Lüsterklemme versehen. Statt der Schrauben besitzen sie kleine Hebel, die heruntergedrückt werden. Der Vorteil: Sie schließen nur noch die beiden Leiter des Deckenkabels an.
Am Leuchtenkabel befindet sich der Baldachin. Hierbei handelt es sich um eine Abdeckung aus Plastik, in der die Lüsterklemme mit den Leitern, der Deckenhaken und das Leuchtenkabel verschwinden. Den Baldachin schieben Sie bis zur Decke hoch.
Jetzt schalten Sie die Hauptsicherung ein und betätigen den Lichtschalter!

MISS DO-IT-YOURSELF RÄT:

Sehen Sie sich Stromleitungen immer genau an

Ein Stromkabel kann im ersten Moment ziemlich verwirrend sein: Drei Leiter, drei Farben – aber was ist wofür gedacht? Das lässt sich schnell erklären:

Der blaue A **Null- oder Neutralleiter** (N) ist normalerweise spannungsfrei. Mit einem Phasenprüfer lässt sich aber testen, ob nicht doch Strom auf dem Leiter liegt. Der gelb-grün gestreifte B **Schutzleiter** (PE) sorgt bei Kurzschlüssen dafür, dass die Hauptsicherung herausspringt und auftretende Ströme zur Erde abgeführt werden. Deshalb bezeichnet man diesen Leiter oft als «Erde». Der braune oder schwarze C **stromführende Leiter** (L), auch «Phase» genannt, ist der eigentlich gefährliche Leiter. Er führt die in Deutschland übliche Spannung von

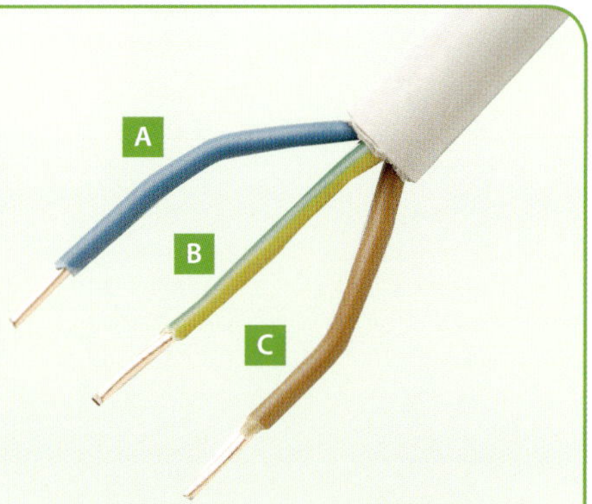

230 Volt. Stromleiter in Altbauten entsprechen oft nicht den heutigen Normen. Sie besitzen manchmal nur zwei Adern oder andere Farben (z. B. Rot oder Grau). In solchen Fällen sollten Sie nichts riskieren und besser einen Fachmann kommen lassen, der die Leuchte richtig anschließt.

6

Um die Anschlüsse zu verdecken, schieben Sie den Baldachin hoch.

7

Die Leuchte hängt. Nun setzen Sie das Leuchtmittel ein und schalten die Hauptsicherung wieder an.

Vorhang auf und zu

Wer in eine Wohnung einzieht, braucht als Erstes einen guten Sichtschutz vor den Fenstern. Bringen Sie die Gardinenstange selbst an, damit Sie sich schnell in Ihrem neuen Zuhause wohlfühlen.

So richtig gemütlich wird es erst mit Stoffen an den Fenstern. Hängen Sie diese mit Hilfe von Schienen, Stangen oder Seilen auf. Wofür Sie sich entscheiden sollen? Das richtet sich ganz nach Ihrem Geschmack und den ausgesuchten Fensterdekorationen. Egal welches System Sie wählen, die Montage ist unkompliziert.

GARDINENSTANGE ANBRINGEN

Zur simpelsten Art der Befestigung gehört die klassische Gardinenstange. Diese muss nicht unbedingt aus Holz bestehen. Sie können auch schicke Varianten aus Aluminium, Chrom oder Edelstahl kaufen. Mit Hilfe von zwei oder drei Halterungen (je nach Länge) findet die Stange oberhalb des Fensters Platz. Um die Halter bzw. Träger richtig zu verschrauben, werden Löcher gebohrt und Dübel eingesetzt. Bei Fensterstürzen kann es sich manchmal um Stahlträger oder Stahlbeton handeln. Benutzen Sie für solche harten Untergründe am besten einen Bohrhammer, mit dem Sie so weit wie möglich bohren und dann mit der Hammerfunktion weiterarbeiten. Diese lässt sich an einem Hebel oder einem Rad an der Maschine leicht umstellen. Falls sich Rollladenkästen über dem Fenster befinden, montieren Sie die Träger rechts und links davon. Schrauben und Dübel würden im Kasten nur schlecht oder gar nicht halten, abgesehen davon, dass Sie ihn beschädigen. Sind die Fensterfront und der zugehörige Rollladenkasten zu lang für nur zwei Träger, sollten Sie die

1

Markieren Sie mit dem Bleistift die Stellen, an denen die Halterungen für die Gardinenstange montiert werden sollen.

2

Wichtig: Zuerst bohren Sie nur die Löcher für einen Halter.

Mit Dübeln und Schrauben befestigen Sie den Halter an der Wand.

Legen Sie die Stange probeweise auf, um mit der Wasserwaage den zweiten Halter auszurichten.

Nachdem Sie diesen angeschraubt haben, fädeln Sie die Vorhangschlaufen auf, legen die Stange ein und fixieren sie an den Halterungen.

Gardinenstange besser oberhalb des Kastens anschrauben oder gleich eine Lösung für die Deckenmontage wählen. Die einfachste Variante sind Gardinenleisten aus Kunststoff mit zwei oder mehr parallel verlaufenden Spuren. Sie werden nicht an der Wand, sondern an der Decke angebracht. Kleine Rollhaken, die Sie zuerst an der Gardine oder dem Vorhang befestigen, fahren in diesen Bahnen oder Spuren hin und her. Wichtig ist beim Anbringen von Gardinenstangen, dass sie waagerecht an der Wand ausgerichtet sind. Bringen Sie zuerst nur einen Träger an der Wand an, und setzen Sie die Stange ein. Mit Hilfe der Wasserwaage richten Sie nun die zweite Halterung aus und markieren die

Stellen für die Bohrlöcher. Sind die Träger angeschraubt, lässt sich die Gardinenstange entweder durch Ring-Halter schieben oder auf hakenförmige Träger legen. Kleine Schrauben an den Halterungen fixieren die Stange, damit sie sich beim Bewegen der Vorhänge und Gardinen nicht verschiebt.

SPANNSEIL-SYSTEM MONTIEREN

Dezent sehen Stahlseile aus, die oberhalb des Fensters gespannt werden. Auch hier erfolgt die Befestigung wieder mittels zweier Halterungen. Sind diese Beschläge montiert, müssen Sie das Drahtseil spannen. Dazu setzen Sie ein Seilende in den Beschlag ein und fixieren es mit den Schrauben. Das andere Ende verschrauben Sie in der Halterung mit dem Seilspanner. Sobald Sie diesen drehen, zieht sich das Stahlseil straff. Der Vorteil dieses Systems: Auch über lange Strecken benötigen Sie nur zwei Halter, und das Seil können Sie beliebig kürzen.

ALTERNATIVE: JALOUSIE

Der Lamellen-Sichtschutz wird ebenfalls mit Dübeln und Schrauben oberhalb des Fensters befestigt. Bohren Sie aber nicht in den Rahmen – er muss unversehrt bleiben.

MISS DO-IT-YOURSELF RÄT:

Gestalten Sie Ihre Fenster mit Schiebegardinen

Klassische Raffgardinen und Vorhänge an 08/15-Stangen sind nicht Ihr Fall? Dann habe ich eine moderne Sichtschutz-Lösung für Ihre Fenster: Flächenvorhänge oder Schiebegardinen schützen vor Nachbars neugierigen Blicken und blendenden Sonnenstrahlen. Auch optisch machen sie etwas her. Mehrere glatte Stoffbahnen sind in zwei- bis fünfspurigen Laufschienen eingehängt und können nach Lust und Laune hin und her geschoben werden. Oben und unten spannen spezielle Aluminium-Profile die Textilien straff.

Wie beim Aufhängen von Bildern ist auch bei der Montage von Flächenvorhängen und -gardinen das exakte Ausmessen wichtig. Zeichnen Sie die Position des ersten Halters oder der ersten Schraube an. Von der Laufschiene nehmen Sie dann einfach Maß, übertragen die Länge und Position des Trägers mit Zollstock und Wasserwaage an die Wand. Nur wenn alles gerade ist, lassen sich die Vorhänge reibungslos bewegen. Und schöner sieht es natürlich auch aus.

Wenn es schnell gehen muss: Befestigen Sie Jalousien am Fensterflügel mit Hilfe von Klemmhaltern

Alles im Griff

Wenn die Klinken absolut nicht zu den Zimmertüren und Ihrem Geschmack passen, tauschen Sie diese doch einfach aus. In Zukunft werden Sie sogar eine komplett neue Drückergarnitur montieren können. Versprochen!

Jetzt fragen Sie sich vermutlich: Was ist eine Drückergarnitur? Genau genommen ist das nur die Bezeichnung für die beiden Türgriffe und die dazugehörigen Schutzbeschläge, die an das Türblatt geschraubt werden. Dabei kann es sich entweder um eine Garnitur mit Langschildern oder Rosetten handeln. Der traditionelle und sehr verbreitete Langschild ist ein durchgehender Beschlag, bestehend aus zwei Elementen. Rosetten-Garnituren stellen die moderne Variante dazu dar. Pro Türseite werden zwei runde Beschläge montiert.

WECHSELN ODER NEU EINBAUEN

Eine Drückergarnitur zu wechseln, geht schnell. Bedenken Sie aber: Wo früher ein Langschild montiert war, muss auch wieder ein Langschild angebracht werden. Das hängt mit den Bohrlöchern im Türblatt zusammen, die der neue Beschlag verdecken soll. Zum Baumarkteinkauf nehmen Sie deshalb einen alten Schutzbeschlag als Muster mit. Nur selten werden Sie eine Drückergarnitur mit den gleichen Lochabständen finden. Prüfen Sie daher genau, welche passt.

SO GELINGT DIE MONTAGE

Schrauben Sie die Griffe und Schutzbeschläge ab. Um die neuen Bohrlöcher anzeichnen zu können, halten Sie den Beschlag an das Türblatt. Dabei müssen die Öffnungen für die Klinke und das Schlüsselloch genau über denen in der Tür liegen. Alte Löcher sollten verdeckt sein. Hilfreich sind Schablonen, die den meisten Drückergarnituren beiliegen. Nach dem Anzeichnen können Sie bohren und anschließend den Beschlag montieren. Moderne Garnituren besitzen eine Kunststoffhalterung zum Anschrauben. Der eigentliche Schutzbeschlag wird nur noch aufgesteckt. So bleiben die sonst störenden Schrauben unsichtbar.

Setzen Sie die Türklinke mit der beiliegenden Schablone ein, und zeichnen Sie die Bohrlöcher an.

Mit Holzbohrer und Akku-Schrauber bohren Sie nun die Löcher an den vorher markierten Stellen.

Schrauben Sie an beide Türseiten die Kunststoff-Rosetten und stecken darauf die Abdeckungen.

Zum Schluss setzen Sie nur noch die Klinken ein und fixieren sie mit der kleinen Stellschraube.

Damit wird es dicht

Es zieht durch jede Türritze und Sie verkriechen sich frierend unter der Decke? Dichten Sie schnell die Türen ab, um die Abende auf dem Sofa genießen zu können.

Dichtschienen und Gummiprofile schaffen schnell Abhilfe. Also, zeigen Sie der Zugluft die kalte Schulter und fangen Sie gleich an.

Besonders im Herbst und im Winter machen sich undichte Türen, aber auch schlecht abgedichtete Fenster bemerkbar. Es zieht nämlich, obwohl die Räume beheizt sind. Keine Frage: Zugluft ist ungemütlich. Unangenehmer dürfte für Sie allerdings der Blick auf Ihre Nebenkostenabrechnung sein. Die eindringende kalte Luft muss erwärmt werden, bis sie Raumtemperatur erreicht hat. Das treibt die Heizkosten in die Höhe.

DICHTSCHIENEN FÜR TÜREN

Was tun, wenn an der Türunterseite ein großer Spalt klafft? Manche legen Decken oder Textilrollen davor. Die bessere Lösung lautet: Türdichtschienen mit eingefassten Nylonborsten.

Türschienen lassen Zugluft und Staub draußen

Mit dem Zollstock messen Sie die Breite der Türinnenseite aus.

Das Maß übertragen Sie auf die Bürstenschiene und markieren die Stelle mit dem Bleistift. Kürzen Sie die Schiene mit einer Handsäge.

Beseitigen Sie Schmutz und Staub im unteren Bereich der Tür mit etwas Wasch- oder Reinigungsbenzin.

Kleben Sie die Schiene nun bündig zum Boden an das Türblatt.

Auch Dichtgummi sperrt kalte Luft aus

Die Gummidichtungen werden in den Türfalz geklebt. Trennen Sie erst die Streifen voneinander, indem Sie diese einfach auseinanderziehen.

Die Kunststoff- oder Aluminium-Schienen können bis zu 15 Millimeter große Türspalten ausgleichen. Dadurch stoppen sie sofort Zugluft und Kälte. Gleichzeitig halten sie auch Staub und Lärm ab.
Dichtschienen sind für verschiedene Fußböden erhältlich. Ein glatter Belag wie Laminat oder Fliesen benötigt nämlich eine andere Schiene als Teppichbeläge. Auch für unebene Fußböden gibt es Lösungen, bei denen die Bürstenaufhängung gefedert, also beweglich ist.
Aus vielen unterschiedlichen Farben können Sie die passende für Ihre Tür auswählen. Jetzt brauchen Sie die Dichtschienen nur noch auf die rich-

Halten Sie die Dichtgummis an die Tür, um die benötigten Längen zu bestimmen, und kürzen Sie die Streifen mit einer Schere.

Gummi ansetzen, Schutzpapier abziehen und fest in den Falz drücken.

tige Länge kürzen und befestigen. Dafür sind nicht einmal Nägel oder Schrauben nötig – schließlich soll das Türblatt unbeschädigt bleiben. Die Schiene hält ganz einfach durch ein Klebeband auf der Rückseite. Dadurch kann die Dichtschiene jederzeit wieder entfernt werden und lässt höchstens wenige Klebereste zurück, die Sie schnell mit etwas Waschbenzin beseitigen.

DICHTGUMMIS ZUM KLEBEN

Manchmal reichen Türschienen allein nicht aus. Durch einige Stellen zwischen Türblatt und Rahmen kann es ebenfalls kräftig ziehen. Für diesen Fall besorgen Sie sich im Baumarkt einfach Dichtungsstreifen aus Gummi oder Schaumstoff. Diese selbstklebenden Abdichtungen eignen sich für Türen und Fenster. Einige Gummidichtungen besitzen einen Hohlraum, der von der Seite wie ein «P» aussieht. Er sorgt dafür, dass auch größere Spalten ganz dicht werden. Meistens sind die Dichtungen meterweise aufgerollt und die Streifen müssen vor ihrem Einsatz voneinander getrennt werden. Das klappt ganz leicht: Ziehen Sie die Dichtstreifen einfach auseinander. Danach bestimmen Sie die Länge der drei Türseiten (links, rechts und oben) und schneiden die Dichtungen mit einer Schere zu. Pro Seite sollten Sie immer einen durchgehenden Streifen in den Falz des Türblattes kleben. An den Ecken müssen die Dichtungen fest aneinanderstoßen. Damit die Streifen gut halten, säubern Sie zuerst den Türfalz mit Wasser und Allzweckreiniger oder mit Waschbenzin.

MISS DO-IT-YOURSELF RÄT:

Prüfen Sie auch die Dichtungen Ihrer Fenster

Oft sind nicht nur die Türen schuld, wenn es zieht. Auch die Fenster können Ihnen den gemütlichen Fernsehabend verderben. Ältere Fenster sind insgesamt nicht so dicht wie die neuen energiesparenden Modelle. Sie sollten aber zumindest einmal nachsehen, ob sich die Dichtgummis gelöst haben oder ob sie vielleicht kaputt sind. Lässt sich an den Dichtungen nichts erkennen, obwohl es zieht, funktioniert dieser Trick: Klemmen Sie ein Blatt Papier an verschiedenen Stellen zwischen Fenster und Rahmen. Falls Sie das Papier leicht herausziehen können, ist die Dichtung nicht stark genug und muss getauscht werden.

Ab sofort sind Ihnen gemütliche Abende auf der Couch garantiert – ganz ohne kalte Hände und Füße

Lackieren und Lasieren

Unbehandeltes Holz sieht zwar schön aus, ist aber völlig ungeschützt. Lacke und Lasuren schaffen Abhilfe. Bei der Gelegenheit können Sie Ihre Kreativität ausleben und Farbe ins Spiel bringen.

Möbel und Flächen aus Holz sind in der Wohnung vielen Einflüssen ausgesetzt: Die Arbeitsplatte in der Küche kommt jeden Tag mit Wasser in Berührung, und auf dem Esstisch kann schnell ein Glas Rotwein umkippen und Flecken hinterlassen. Damit Ihre Holzmöbel lange schön aussehen, sollten Sie diese mit Lack oder Lasur behandeln.

LACKE BILDEN EINE SCHICHT

Einen perfekten Schutz bieten Lacke. Sie bilden auf den Holzflächen eine strapazierfähige und wasserfeste Schicht. Von der natürlichen Struktur des Holzes ist nach dem Streichen allerdings nichts mehr zu sehen. Dafür können Sie aber aus einer Vielzahl von Farben Ihren Lieblingston auswählen. Falls Sie in dem Angebot nicht fündig werden, lassen Sie sich den Lack im Baumarkt

Lackieren: Perfekter Schutz für Ihre Holzflächen

1

Holzflächen müssen vor dem Streichen geschliffen werden, hier mit einem Exzenterschleifer.

2

Damit das Holz tragfähig ist, erhält es eine Grundierung.

3

Es folgt der Lackauftrag mit dem Pinsel. Kanten nicht vergessen!

4

Ist der Lack trocken, bearbeiten Sie alle Flächen mit Schleifpapier.

5

Tragen Sie mit der Schaumstoffrolle den Lack ein zweites Mal auf.

anhand einer Farbkarte mischen. Bevor Sie sich entscheiden, sollten Sie über die Lackart nachdenken. Es gibt nämlich zwei Sorten, beide haben Vor- und Nachteile: Kunstharz- bzw. Alkydharzlacke enthalten meist aromatenhaltige Lösungsmittel, die gesundheitliche Probleme verursachen können. Durch Verdunsten der Lösemittel härtet der Lack zu einer sehr robusten und widerstandsfähigen Schicht aus. Je nach Produkt variiert der Anteil an Lösungsmitteln. Mittlerweile gibt es auch unbedenklichere Varianten, die ohne Aromaten auskommen.
Eine Alternative ganz ohne Lösemittel sind wasserbasierte Acryllacke, die kaum riechen und schnell trocknen. Allerdings werden die lackierten Flächen später nicht so strapazierfähig sein. Überlegen Sie deshalb vorher, wofür Sie den Lack einsetzen wollen. Möchten Sie die Arbeitsplatte oder den Esstisch klar lackieren oder Kinderspielzeug bunt bemalen, ist ein lösemittelfreier Lack dringend zu empfehlen. Auf die Angabe «schweiß- und speichelecht» sollten Sie unbedingt achten, wenn Sie Spielzeuge und Möbel für Kinder bearbeiten wollen.
Beide Lackarten lassen sich mit Pinsel und Farbwalze einfach verarbeiten. Eine Rolle spielt dabei jedoch der Glanzgrad: Mit seidenmatten Lacken erzielen Heimwerkerinnen und Heimwerker bessere Ergebnisse. Hochglänzende Lackschichten gelingen oft nur den Profis ansatzfrei, gleichmäßig und richtig schön.

MISS DO-IT-YOURSELF RÄT:

Schleifen, schleifen und nochmals schleifen

Ich kenne das gut: Sobald der neue Lack ausgesucht ist, soll es sofort losgehen. Nicht so schnell, denn vorher müssen Sie das Holz schleifen. Auch alte Anstriche müssen runter. Benutzen Sie für unbehandeltes Holz 120er-Schleifpapier und bei alten Lackschichten 80er-Papier. Entfernen Sie den Schleifstaub sehr gründlich. Nach dem Auftragen und Trocknen des ersten Anstrichs ist es Zeit für einen Zwischenschliff mit feinerem Schleifpapier (180er oder 220er). Beseitigen Sie den Staub und tragen Sie den Lack ein zweites Mal auf. Die Arbeit lohnt sich: Am Ende können Sie sich über eine schön lackierte und glatte Oberfläche freuen.

LASUREN ZIEHEN INS HOLZ EIN

Auch Holzlasuren schützen Möbel. Im Gegensatz zu den Lacken bilden sie keine Schicht auf dem Holz, sondern dringen über die Fasern in das Material ein. Das Holz saugt die Lasur gewissermaßen auf. Das Schöne daran: Die typische Maserung schimmert nach dem Streichen durch die Farblasur. Ihrem Möbelstück verleiht diese Optik mehr Natürlichkeit. Lösungsmittel sind auch bei einigen Lasuren ein Thema. Falls Sie gesundheitliche Reaktionen befürchten, können Sie heute bereits auf wasserbasierte Wohnraumlasuren zurückgreifen. Diese schadstoffarmen Produkte eignen sich zum Bearbeiten von Möbeln sowie Wand- und Deckenverkleidungen. Mit Wasser sollten lasierte Flächen nicht in Berührung kommen. Weil das Holz nicht versiegelt ist, kann trotz Lasur immer noch etwas Feuchtigkeit eindringen. Dadurch quellen die Fasern auf, das Holz dehnt sich aus und zieht sich später wieder zusammen. So können Risse entstehen, und das Holz wird bei weiterem Wasserkontakt anfällig für Schimmelpilze.

DIE RICHTIGEN WERKZEUGE

Wichtig beim Arbeiten mit Lacken und Lasuren sind hochwertige Werkzeuge. Wählen Sie also nicht unbedingt die Pinsel und Farbrollen aus dem Sonderangebot. Solche Spar-Sets enthalten möglicherweise nicht einmal die Produkte, die Sie benötigen. Für lösemittelhaltige Lacke und Lasuren kaufen Sie Pinsel mit Naturborsten. Kunsthaarpinsel sind für Acryllacke gedacht, und auch für Lasuren auf Wasserbasis gibt es spezielle Pinsel. Zum Lackieren sollten Sie sich zusätzlich ein Set Schaumstoffwalzen zulegen. Damit erhalten Sie besonders gleichmäßige und feine Oberflächen. Ideal sind Rollen mit einer abgerundeten Kante. Hässliche Ansätze beim Lackieren lassen sich auf diese Weise vermeiden.

Lasieren: Die natürliche Optik bleibt

1

Vorheriges Schleifen ist auch beim Lasieren notwendig. Dann tragen Sie die Lasur gleichmäßig auf.

2

Beim Zwischenschliff arbeiten Sie mit feinem Schleifpapier und -klotz.

3

Entfernen Sie den Staub und lasieren Sie das Holz noch einmal.

Gestalten Sie Möbel, wie es Ihnen gefällt, und bieten Sie ihnen Schutz

Perfekte Küche

Ihre Freundinnen werden Augen machen, sobald Sie erzählen, dass Sie selbst die Spüle eingebaut und die Geschirrspülmaschine angeschlossen haben.

Bevor das Wasser munter ins Spülbecken fließt und die Spülmaschine mit leisem Summen das Geschirr wäscht, gibt es noch ein wenig zu tun.
Beim Einbau einer Küchenspüle stehen verschiedene Arbeiten an: bohren, sägen und schrauben.

Denken Sie daran, zu Beginn die Eckventile unter der Spüle oder den Hauptwasserhahn zu schließen. Und Sie sollten eine Freundin um Unterstützung bitten: Eine Arbeitsplatte lässt sich alleine kaum tragen.

ARBEITSPLATTE ZUSÄGEN

Das Wichtigste ist das Messen. Legen Sie dazu die Arbeitplatte auf die Unterschränke und zeichnen die Position der Spüle mit Bleistift und Zollstock an. Die Vertiefung des Beckens muss sich exakt über dem Spülenschrank befinden. Hingegen können Sie die Abtropffläche nach links oder rechts setzen. Zum Sägen suchen Sie sich am besten einen Platz auf dem Balkon, der Terrasse oder im Keller. Besorgen Sie sich zwei Holzböcke, um die Arbeitsplatte daraufzulegen. Auf die markierte Platte setzen Sie das Spülbecken verkehrt herum. Zeichnen Sie entlang des Randes den Umriss auf. Von allen Linien messen Sie nun etwa 10 Millimeter nach innen ab und markieren einen zweiten Umriss. Würden Sie den ersten Umriss aussägen, fiele die Spüle schlichtweg durch die Arbeitsplatte. So aber bleibt genügend Auflage für das Becken. Sie werden sich jetzt fragen: Wie soll ich die Stichsäge ansetzen? Das ist ganz einfach: Sie bohren vier

Ausschnitt für die Spüle sägen

Die Spüle legen Sie verkehrt herum auf die Platte, zeichnen die Umrisse an und messen etwa ...

... 10 mm nach innen ab. In die Ecken bohren Sie jeweils ein Loch. Benutzen Sie den Holzbohrer.

Die Löcher brauchen Sie, um das Stichsägeblatt anzusetzen. Schneiden Sie nun die Platte aus.

Prüfen Sie den Ausschnitt, indem Sie die Spüle einmal probeweise einsetzen.

Spülbecken einsetzen und befestigen

Zuerst muss für die Armatur ein Loch in die Spüle gebohrt werden.

Jetzt vergrößern Sie das Loch mit Hilfe der Lochstanze.

Um den Rand der Spüle kleben Sie ein schmales Dichtungsband.

Setzen Sie nun das Becken ganz gerade in den Plattenausschnitt.

Die Krallen auf der Unterseite schrauben Sie an der Platte fest.

Die beiliegenden Montagekrallen müssen Sie an der Spüle einhaken.

Entfernen Sie Reste der Dichtung, ohne ins Holz zu schneiden.

Löcher, in jede Ecke eines. Wichtig ist, dass sich die Bohrungen innerhalb der Markierung befinden und Sie einen Holzbohrer mit einem großen Durchmesser verwenden. In die Löcher setzen Sie das Sägeblatt ein und legen mit dem Ausschneiden los. Die rauen Sägekanten bearbeiten Sie grob mit Schleifpapier. Zum Schluss verschrauben Sie die Arbeitsplatte mit den Unterschränken.

SPÜLE UND ARMATUR MONTIEREN

Damit sich die Armatur später am Spülbecken montieren lässt, benötigt dieses eine Öffnung. Mit einem Metallbohrer und einem Akkuschrauber bohren Sie ein Loch im hinteren Bereich zwischen Becken und Abtropffläche. Ein Schraublocher bzw. eine Lochstanze vergrößert anschließend das Loch. Dieses Werkzeug ist nicht ganz billig, deshalb sollten Sie es sich ausleihen. Einige Baumärkte bieten diesen Service an. Achten Sie aber darauf, dass Sie eine gut geschärfte Stanze erhalten.

Nehmen Sie beide Teile auseinander, stecken das Element mit der Schraube durch das Loch und setzen das zweite Teil von der anderen Seite der Spüle dagegen. Beide Stanzteile müssen Sie in einander entgegengesetzte Richtungen drehen. Beim Anziehen schneiden sich die Klingen in das Metall und stanzen es aus. Um mehr Druck auszuüben, verwenden Sie einen Schraubenschlüssel und eine Zange. Bitte beachten Sie: Die Schnittkanten sind extrem scharf!

Als Nächstes bringen Sie auf den Rändern der Beckenunterseite einen Dichtungsstreifen an. Dieser verhindert, dass Wasser unter den Beckenrand läuft und das Holz beschädigt. Die beiliegenden Montagehaken stecken Sie in die vorgesehenen Öffnungen, dann können Sie das Spülbecken in die Arbeitsplatte einlassen. Denken Sie an das selbstklebende Dichtungsband: Sobald die Spüle auf der Holzplatte aufliegt, lässt sie sich nicht mehr verschieben, ohne dass Sie das Dichtband beschädigen. Richten Sie das Becken vor dem Aufsetzen möglichst gerade aus. Jetzt verschrauben Sie noch die Montagekrallen mit der Unterseite der Arbeitsplatte und entfernen die überstehende Dichtung mit dem Cutter. Arbeiten Sie vorsichtig, um das Holz nicht zu verletzen. So verhindern Sie, dass an diesen Stellen Wasser eintritt und das Holz fault.

Armatur montieren und Spülmaschine anschließen

Armatur **Die Anschlüsse führen Sie durch die Öffnung und verschrauben die Armatur von unten.**

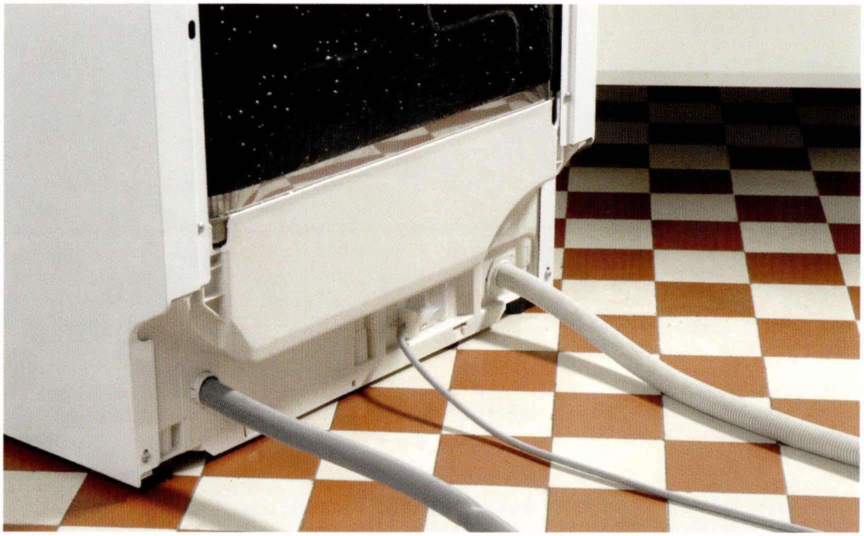

Spülmaschine **An der Rückseite Ihres Geschirrspülers finden Sie den grauen Ablaufschlauch, das Stromkabel und den weißen Wasserzulauf.**

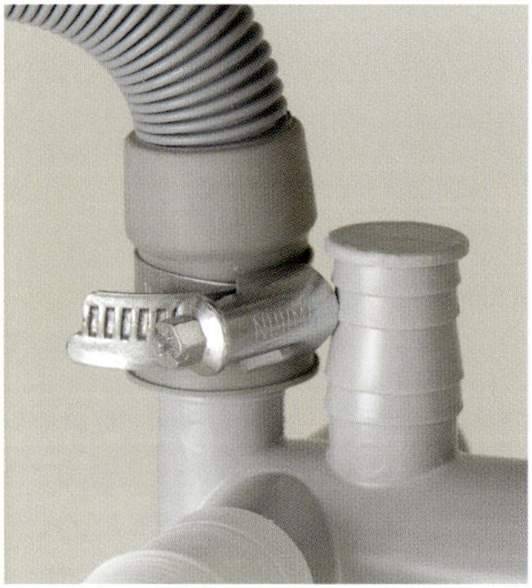

Abfluss **Den Ablaufschlauch montieren Sie am Siphon mit einer Metallschelle, die Sie fest anziehen.**

Die Anschlüsse der Armatur führen Sie von oben durch die Öffnung in der Spüle. Vergessen Sie nicht den Dichtungsring, der zwischen Armatur und Becken sitzen muss. Über das Schraubgewinde an der Unterseite befestigen Sie die Armatur. Die beiden zugehörigen Warm- und Kaltwasser-Anschlüsse montieren Sie an den entsprechenden Eckventilen – eins für warmes, eins für kaltes Wasser. Setzen Sie alle Elemente des Siphons inklusive des Abfluss- und des Überlaufschlauchs zusammen. Achtung: Befindet sich unter Ihrer Spüle ein Durchlauferhitzer, benötigen Sie eine Niederdruck-Armatur mit drei Anschlüssen.

SPÜLMASCHINE ANSCHLIESSEN

Den weißen Zulaufschlauch der Geschirrspülmaschine verbinden Sie mit dem Eckventil für Kaltwasser. Falls Sie ein separates Wasserstopp-Ventil gekauft haben, schrauben Sie dieses dazwischen. Auf das Anschlussstück am Siphon stecken Sie den grauen Ablaufschlauch. Damit an dieser Stelle kein Wasser austreten kann, müssen Sie den Schlauch mit

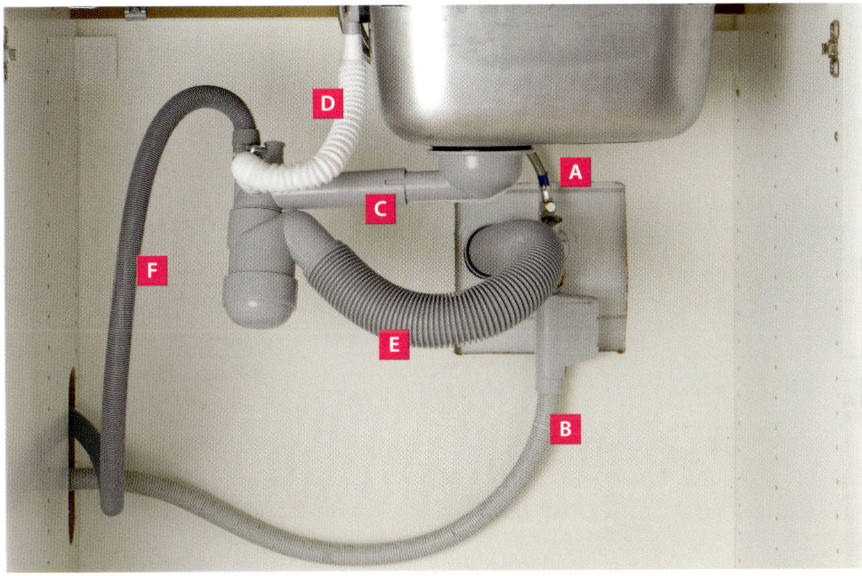

So sollte es im Spülenschrank aussehen: Die flexiblen A Armaturenanschlüsse sind an die Eckventile für Warm- und Kaltwasser angeschlossen. Am Kaltwasserhahn ist der B Zulaufschlauch mit Wasserstopp-Ventil montiert. Die C Ablaufgarnitur bzw. der Siphon muss gerade montiert sein. Als Überlaufschutz dient ein weißer D Flex-Schlauch. Der E Ablaufschlauch führt das Wasser in die Rohrleitung ab. An den Siphon wird auch der F Ablaufschlauch der Spülmaschine angeschlossen.

einer Metallschelle fixieren. Durch Drehen der Schraube zieht sich die Schlauchschelle fest. Achten Sie darauf, dass Zu- und Ablaufschlauch nicht geknickt werden. Nun bringen Sie den Geschirrspüler in Position, richten falls nötig die Stellfüße aus und schließen das Gerät an das Stromnetz an. Im Anschluss drehen Sie die Eckventile wieder auf und lassen das Wasser laufen. So testen Sie, ob Zu- und Abläufe dicht sind. Ein Probelauf der Spülmaschine ist ebenfalls sinnvoll. Übrigens: Waschmaschinen installiert man genauso.

MISS DO-IT-YOURSELF RÄT:

Montieren Sie ein Wasserstopp-Ventil

Falls in Ihrem Geschirrspüler kein Wasserstopp-Ventil eingebaut ist, sollten Sie dieses separat kaufen. Bei Defekten unterbricht das Ventil die Wasserzufuhr zu Spül- oder Waschmaschine und verhindert eine Überschwemmung. Schrauben Sie das Ventil an den Wasserhahn, der sich unter der Spüle in der Wand befindet. An den unteren Teil müssen Sie nur noch den Zulaufschlauch Ihrer Maschine anschließen.

Schöne Kanten für Platten

Beim Einbau von Arbeitsplatten sind Schnittkanten völlig normal. Um sie unsichtbar zu machen, gibt es passende Umleimer, die sich mit einem Bügeleisen aufkleben lassen.

Am häufigsten kommen Kantenumleimer mit Kunststoffoberfläche zum Einsatz. Geläufig sind auch die Bezeichnungen Melamin- oder ABS-Kante. Sie werden im Baumarkt in verschiedenen Größen und Dessins angeboten, zum Beispiel im Holzdekor, mit Steinmuster oder als einfarbige Variante. Den Umleimer können Sie gleich passend zu Ihrer neuen Arbeitsplatte dazukaufen.

DER SCHMELZKLEBER MACHT'S

Kunststoffumleimer besitzen auf der Rückseite eine maschinell aufgetragene Kleberschicht. Der sogenannte Schmelzkleber ist in kaltem Zustand hart und entfaltet – wie der Name vermuten lässt – seine Wirkung erst unter Wärmeeinfluss. Besonders praktisch: Sie können ein ganz normales Bügeleisen verwenden, um den Kleber zum Schmelzen zu bringen. Auf diese Weise lassen sich

Kantenumleimer aber nicht nur befestigen. Lockere oder beschädigte Umleimer lösen Sie nach dem gleichen Prinzip ab und tauschen sie gegen neue Abschlusskanten aus.

AUFBÜGELN – UND FAST FERTIG

Das Bügeleisen lassen Sie auf der höchsten Stufe heiß werden. In der Zwischenzeit schneiden Sie von der Rolle einen Streifen in der Länge der Schnittkante ab. Der Umleimer muss rechts und links ein paar Millimeter überstehen. Richten Sie den Streifen auf der Plattenkante aus, und bewegen Sie das Bügeleisen gleichmäßig darüber. Beim Aufbügeln können Sie zwischen Umleimer und Bügeleisen ein Tuch oder Löschpapier legen. Das verhindert ein mögliches Verfärben der Kunststofffläche.

Jetzt ist Ihr Feingefühl gefragt: Die Überstände des Umleimers müssen sauber gekürzt werden. Verwenden Sie zuerst ein scharfes Cutter- oder ein spezielles Kantenmesser. Schneiden Sie den Umleimer mit Druck ein – möglichst nah an der Platte. Bitte passen Sie beim Arbeiten mit dem Messer auf, dass Sie sich nicht verletzen! Die letzten überstehenden Reste bearbeiten Sie mit der Flachfeile, die Sie schräg ansetzen und nur in eine Richtung bewegen.

Bügeln Sie mal wieder: aber nicht die Wäsche, sondern den Umleimer

Den Kantenumleimer bügeln Sie auf die Stirnseite der Arbeitsplatte.

Pressen Sie den Umleimer mit einem Schleifklotz fest an.

Überstände schneiden Sie mit dem Cutter ab. Arbeiten Sie vorsichtig!

Zum Schluss glätten Sie scharfe Schnittkanten mit der Flachfeile.

Frische **Fliesen**

Nicht jede Küche ist supermodern – das liegt aber keineswegs am Mobiliar, sondern oft an den alten Wandfliesen. Mit einem Speziallack können Sie diese schnell auffrischen.

Gerade in Mietwohnungen lässt sich der alte, hässliche Fliesenspiegel nicht eben mal austauschen. Es gibt aber trotzdem eine Möglichkeit, wie Sie die angestaubte Optik der 60-er oder 70-er Jahre schnell aus Ihrer Küche verbannen können: Fliesenlack. Diesen Speziallack finden Sie im Baumarkt meistens als komplettes Set mit aufeinander abgestimmten Produkten zum Grundieren, Lackieren und Versiegeln. Damit gelingt Ihre Verschönerungsaktion im Handumdrehen.

ALTE FLIESEN, NEUE OPTIK

Bei einem Austausch alter Fliesen fürchten viele neben den Kosten auch den entstehenden Schmutz. Beides ist beim Lackieren unbegründet. Die Fliesen bleiben nämlich an der Wand, und auch die Preise für Lackier-Sets sind mit 30 bis 50 Euro recht überschaubar.

Als Erstes befreien Sie die Fliesen von Staub und Fett. Verwenden Sie einen Allzweckreiniger, einen Lappen und eine Bürste.

Auf die Fliesen tragen Sie nun mit der Schaumstoffrolle eine spezielle Grundierung auf.

Das Lackieren der Fliesen gelingt ganz leicht. Sie sollten aber genug Zeit einplanen, weil das Trocknen der Schichten jeweils einige Stunden dauert. Halten Sie sich unbedingt an die angegebenen Trockenzeiten. Nur so entsteht später ein perfektes Ergebnis, und Sie können sich über frische und moderne Fliesen freuen, die zu Ihrer Kücheneinrichtung passen. Bevor Sie loslegen, lesen Sie die Gebrauchsanweisung durch. Die Produkte ähneln sich, aber es gibt doch kleine, feine Unterschiede. Wichtig ist in erster Linie, dass Sie die Fliesen gründlich säubern. Auch alte Silikonfugen oder -reste müssen Sie beseitigen. Nur so hält der Lack später flächendeckend und lange. Einige Hersteller empfehlen, kleine Unebenheiten sowie glasierte Oberflächen leicht mit Schleifpapier aufzurauen. Den entstehenden Schleifstaub müssen Sie danach komplett entfernen. Benutzen Sie zum Reinigen ein fusselfreies, sauberes Putztuch und Reinigungsmittel. Danach können Sie die Grundierung auftragen. Diese ist notwendig, da der Fliesenlack nur auf einer tragfähigen Oberfläche richtig gut haftet. Arbeiten Sie wirklich bis in jede Ecke und vergessen Sie keine Stellen. Zum Trocknen braucht die Fliesengrundierung mindestens 30

Vor dem Lackieren den Vermieter fragen

Falls Sie mit dem Gedanken spielen, den unansehnlichen Fliesenspiegel in der Küche oder die alten Badfliesen zu streichen, sprechen Sie vorher mit Ihrem Vermieter. Er muss über alle Veränderungen informiert werden, die sich nicht mehr rückgängig machen lassen. Wichtig: Nur mit seinem Einverständnis können Sie Ihre Lackieraktion starten. So ersparen Sie sich beim Auszug Ärger und einige Kosten.

Der Fliesenlack muss vor dem Verarbeiten gründlich umgerührt werden.

Rollen Sie den Lack in zwei Arbeitsgängen gleichmäßig mit der Schaumstoffwalze auf.

Ist der Lack getrocknet, verkleben Sie die Fugenstreifen. Beginnen Sie mit den senkrechten Linien.

Danach folgen die waagerechten Streifen. Orientieren Sie sich beim Aufkleben an den alten, überlackierten Fliesenfugen.

Die abschließende Versiegelung sorgt dafür, dass Lack und Fugenstreifen lange schön aussehen.

Minuten. Anschließend beginnen Sie mit dem Lackieren. Einzelne Abschnitte in der Größe von zirka 4 mal 4 Fliesen werden nacheinander beschichtet. Tragen Sie den Fliesenlack «nass in nass» und von einer Fugenseite zur anderen auf. So vermeiden Sie Streichansätze. Ratsam ist auch, sehr dunkle Fugen vorzulackieren. Haben Sie die gesamte Fläche fertig gestrichen, benötigt der Lack ungefähr sechs Stunden zum Trocknen. Danach folgt die zweite Schicht. Benutzen Sie eine neue Schaumstoffwalze, mit der Sie den Fliesenlack dünn und gleichmäßig aufrollen. Lassen Sie die zweite Schicht etwa zwölf Stunden trocknen, bevor Sie die Fugenstreifen anbringen. Die selbstklebenden Streifen ziehen Sie vorsichtig von der Rolle und passen sie in die überlackierten Fugen ein. Beginnen Sie mit den senkrechten. Die Stellen, an denen sich die Fugenstreifen kreuzen, pressen Sie fest an. Mit einem weichen, sauberen Tuch können Sie alle Streifen noch einmal vorsichtig andrücken. Ist diese Arbeit erledigt, haben Sie es fast geschafft. Jetzt folgt noch die abschließende Versiegelung. Sie verleiht der Oberfläche eine dauerhafte Schutzschicht. Mit einer neuen Schaumstoffrolle tragen Sie die Versiegelung dünn auf. Sie braucht einen Tag zum Trocknen. Reinigen dürfen Sie die behandelten Flächen aber erst nach einer Woche. Dann sind Lack und Versiegelung vollständig ausgehärtet.

FRISCHE FLIESEN AUCH IM BAD

Den Speziallack können Sie natürlich auch verwenden, um die Wandfliesen im Bad zu bearbeiten. Von Bodenfliesen lassen Sie lieber die Finger. Sie werden zu stark beansprucht, so dass sich der Lack schnell abnutzt. Übrigens: Je nach Größe des Zimmers müssen Sie eine höhere Materialmenge einplanen, denn eine Dose Fliesenlack reicht meistens nur für eine Fläche von zehn Quadratmetern. Rechnen Sie den Bedarf vorher aus. Damit Sie die intensiven Lackdämpfe nicht einatmen, sollten Sie gerade in fensterlosen Räumen eine Atemschutzmaske tragen. Wichtig: Lüften Sie während des Streichens mehrmals die Wohnung.

Mit dem Farbanstrich bringen Sie an nur einem Wochenende frischen Wind in Ihr Badezimmer.

MISS DO-IT-YOURSELF RÄT:

Tragen Sie beim Lackieren Handschuhe

Klar, beim Heimwerken werden die Hände beansprucht. Besonders ist das beim Arbeiten mit Lacken und Lasuren der Fall. Darunter fällt natürlich auch das Lackieren von Fliesen. Schnell hat man gekleckert und der Lack findet sich an den Fingern und auf den Handflächen wieder. Bevor Sie die Flecken mit aggressiver Verdünnung und durch Schrubben entfernen müssen, schützen Sie Ihre Hände lieber von vornherein. Ich empfehle

Ihnen dafür Einmal-Handschuhe aus Gummi bzw. Latex. Wer das Material nicht verträgt, benutzt latexfreie Modelle.

Hier wird Ihnen geholfen

Die DIY Academy ist die erste Adresse, wenn es ums Heimwerken geht: Kurse und jede Menge Praxistipps machen Sie zur Expertin.

DIY (do it yourself) – drei große Buchstaben stehen für Kompetenz in sämtlichen Bereichen des Renovierens der eigenen vier Wände. Die DIY Academy schult, informiert und macht Sie für Ihre DIY-Projekte fit.

UNSERE HEIMWERKER-KURSE

Probieren geht über studieren – die DIY Academy bietet zahlreiche **Praxiskurse** an, in denen Sie nach Herzenslust Werkzeuge und Materialien ausprobieren können. Natürlich vermitteln Ihnen unsere kompetenten **Trainer** auch wichtiges theoretisches Wissen. Sie werden feststellen: Heimwerken ist viel leichter, als Sie bisher geglaubt haben.

DO-IT-CLUB FÜR SELBERMACHER

Eine starke Gemeinschaft – der **Do-it-Club** der DIY Academy ist genau das Richtige für alle, die Spaß am Heimwerken und Gestalten haben oder die endlich ihre Wohnung selbst renovieren wollen. Sie erhalten **Rabatte** auf Heimwerkerkurse, pro Jahr vier Ausgaben der **Zeitschrift** Do-it, praxisnahe Informationen und tolle Preise bei **Gewinnspielen**.

WAHL DER MISS DO-IT-YOURSELF

Frauen und Heimwerken – das ist ein großes Thema bei der DIY Academy. Wir sind nämlich der Meinung, dass das weibliche Geschlecht mindestens genauso gut heimwerkt wie die Männerwelt.
Deshalb sucht die DIY Academy alle zwei Jahre «**Deutschlands beste Heimwerkerin**». In einem spannenden Wettbewerb treten Frauen gegeneinander an, um ihr handwerkliches Talent und ihre Kreativität unter Beweis zu stellen. Der besten Kandidatin wird am Ende der begehrte Titel «**Miss Do-it-yourself**» verliehen. Für die DIY Academy ist die **Heimwerker-Königin** zwei Jahre lang als Botschafterin unterwegs. In Büchern und Zeitschriften, in Fernsehen und Radio, bei Messen und Events begeistert sie andere Frauen für das kreativste Hobby der Welt. Auch Sie können sich um den Titel bewerben.
Informationen finden Sie online:
www.diy-academy.eu

AUF MESSEN & EVENTS AKTIV

Wir sind immer in Ihrer Nähe – und das deutschlandweit. Besuchen Sie uns zum Beispiel auf großen nationalen **Verbrauchermessen**, die sich den Themen Haus und Garten sowie Bauen, Renovieren und Wohnen widmen. Dort erleben Sie nicht nur unsere Trainer in Aktion, sondern Sie können selbst mit anpacken und viele Tipps zum Selbermachen bekommen. Auch in **Baumärkten** stoßen Sie regelmäßig auf unsere Experten, die Ihren Besuch zum **Einkaufserlebnis** machen und Sie in Vorführungen und Kursen beraten.

A

Abfluss reinigen 134f
Abriebgruppen 74
Abtönfarben 53, 57
Additive 50f
Akkubohrschrauber 14
Akkuschrauber 16f
Allergie 51, 110f, 114
Arbeitsplatte
montieren 174ff
umleimen 180f
Armatur
anschließen 178f
montieren 177f
reparieren 136ff

B

Baldachin 157ff
Baumarkt 11ff, 57
Baustoffe 16
Bilder aufhängen 154f
Bindemittel 50f
Bits 16f
Blauer Engel 51, 119
Bodenbelag 66, 68f, 70f, 74, 90ff, 98, 100, 104, 108
Bodenfliesen 69, 140
Bodenprofile 99, 104, 125
Bohren 16ff, 82ff, 155, 157, 161
Bohrer 16ff, 83
Bohrhammer 14f
Bohrkrone 74, 82f
Bohrlöcher schließen 144f
Bohrmaschine 114f
Bordüren
Fliesen 69, 73, 80
Tapeten 28
Bordürenkleber 28

D

Deckenleuchte anschließen 156ff
Deckkraft 50, 56
Dekorputz 28, 62
Dichtgummi 166ff
Dichtschienen 166ff
Dichtungsringe tauschen 138f
Dispersionsfarbe 50ff, 56, 59
Dispersionskleber 77, 81
Doppelschnitt 41,123
Doppelseitiges Klebeband 118, 124f
Drehmoment 17
Drehzahl 17
Drückergarnitur 164f
Dübel 104f, 144f, 155

E

Eckventil 138, 178f
Effektfarben 53
Einhebelarmatur 138
Elektro-Werkzeuge 13ff
Entlüftungsschlüssel 148f
Exzenterschleifer 18f

F

Farben
Ergiebigkeit 57
Inhaltsstoffe 50f
Mischen 53f, 57
Qualitätseigenschaften 56f
Wirkung 47ff
Feinsteinzeugfliesen 71f
Fenster abdichten 169
Filzgleiter 91
Fitschen-Ringe 131ff
Fixierer 118, 124
Flexible Kleber 77
Fliesen
Einsatzbereiche 70ff
Material 70ff
Qualitätseigenschaften 74
Verarbeitung 70ff
Wirkung 68f
Fliesen lackieren 182ff
Fliesen legen
Anleitung 78ff
Kreative Idee 84f
Menge 74ff
Notfalltipps 83
Vorarbeiten 78
Werkzeuge 74ff
Fliesen tauschen 140f
Fliesenkleber 72, 77, 79ff, 141
Fliesenschneider 74f, 82f
Fliesenspiegel 78ff

Fotofliesen 69
Fototapete 27, 33
Fräser 140f
Fugen (s. a. Verfugen)
Mörtel 69, 72, 77, 80ff, 141
Silikon 142f
Fugenhai 143
Fugenmörtel 72, 77, 80, 82, 85
Fugenstreifen 184f
Fuggummi 76, 80, 82
Fußbodenheizung 72, 77
Fußleisten 96, 99, 105, 119, 122, 125

G
Gardinenstange montieren 160ff
Gehrungslade 96f, 104f
Geschirrspüler anschließen 178f
Gleitfußmesser 41
Grundierung 33, 35f, 44f
Gummidichtungen 136f
Gütesiegel 51

H
Handschuhe 13, 185
Haftvlies 118, 124
Hauptwasserhahn 138, 175
Heizkörper entlüften 148f
Hobeln 132f
Hohlraumdecken 16, 157
Holz
lackieren 170ff
lasieren 172f
Holzbohrer 15
Holztür reparieren 130ff

I
Inbus 17
Innensechskant 17
Innensechsrund 17

J
Jalousie 163
Joghurt-Becher 14

K
Kantenumleimer 180f
Keramikfliesen 69, 70ff, 81, 84
Kleidung 12f
Kleister 29f, 33, 35ff
Konservierungsstoffe 51
Kreuzschlitz 17
Küchenspiegel verfliesen 78ff
Kreide 37, 51

L
Lack, Inhaltsstoffe 172
Lackieren
Fliesen 182ff
Holz 170ff
Laminat
Nutzungsklassen 98f
Bestandteile 92f
Eigenschaften 90
Menge berechnen 91
Pflege 95
Trittschalldämmung 94, 101
Laminat ausbessern 146f
Laminat verlegen
Anleitung 100ff
Kreative Idee 106f
Notfalltipps 105
Vorarbeiten 101
Werkzeuge 96f
Lampe anschließen 156ff
Langschild-Garnitur 164f
Lasieren 172f
Lasur, Inhaltstoffe 172f
Latexfarben 51f
Leiter 13, 39, 54, 61
Lithium-Ionen-Akku 17
Lochboy 82f
Löcher schließen 144f
Lochstanze 176f
Lösungsmittel 25, 51, 116, 172f
Lüsterklemme 157f

M
Malerkrepp(band) 54, 59, 62
Marmorstäbchen 72f
Meißel 141
Metallbohrer 15
Möbel tapezieren 44f
Montagekleber 85, 107
Moosgummi-Rolle 30f, 37
Mörtel 72, 77, 80, 82, 85
Mosaikfliesen 68ff, 72f, 80f, 84f
Mundschutz 13, 185
Muscheln 85

N
Nahtkleber 59, 63
Nahtroller 30f, 39
Natursteinfliesen 72f, 77

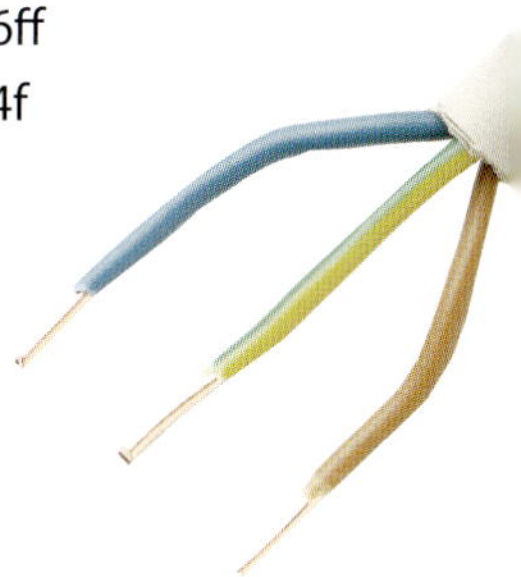

Natursteinkleber 77, 85
Nassabriebbeständigkeit 57

O

Online-Farbdesigner 49
Online-Tapetendesigner 27
Ortungsgerät 13

P

Papageienzange 74f, 82f
Papiertapete 27f, 30, 33, 38ff, 45
Pendelhub 18
Phasenprüfer 156f
Pigmente 50f, 56, 60, 62
Prägetapete 27f
Prüfsiegel 28, 119
Putz 60ff

R

RAL-Gütesiegel 25, 28
Rapport 32
Raufaser 26ff, 30ff
Reinigungsfähigkeit 56f
Reparaturpaste 144f, 146f
Rollputz 62
Rosetten-Garnitur 164f
Rührquirl 30f, 54f, 60

S

Sägeblatt wechseln 18
Sägen 17f, 101ff
Saugglocke 135
Schablonen 47, 64f
Schadstoffe 51, 111, 113, 118f
Scheuerbeständig 28f, 52, 57
Scharnier befestigen 150f
Schaumstoffrolle 54f
Schiebegardinen 163
Schalldämmung 94, 101
Schlagbohrmaschine 14, 82
Schlagklotz 96f, 102f
Schlagschnur 36f
Schimmel 51f, 142
Schleifen 18f
Schließzylinder wechseln 128f
Schlingenflor 114f
Schlitz 17
Schmieröl 133
Schnittschlinge 115
Schnittvelours 114
Schrauben
Inbus 17
Kreuzschlitz 17
Schlitz 17
Torx 17
Schutzbeschlag 164f
Schutzbrille 13
Schwammbrett 76, 80, 82
Schwimmende Verlegung 94f, 98
Schwingschleifer 19
SDS-Bohrer 15
Senklot 30f, 38, 41
Seriennummer 33, 74
Sicherheit 12ff
Silikonfuge erneuern 142f
Silikonkartusche 76, 143
Siphon montieren 178f
Siphon reinigen 134f
Spachtelmasse 59, 145f
Sperrgrund 80
Spüle einbauen 174ff
Spülmaschine anschließen 178f
Standardkleber 77
Steinbohrer 15
Steingutfliesen 71
Steinzeugfliesen 71f
Stellschraube 131f, 129, 165
Stichsäge 96, 101f, 104f
Strahlregler 136f
Streichen
Anleitung 58ff
Kreative Idee 64f
Notfalltipps 63
Vorarbeiten 59
Werkzeuge 54ff
Streichputz 60ff
Stromkabel 159
Stromleitungen 156ff
Strukturfarben 52
Strukturtapete 27f

T

Tapete
Material 26ff
Qualitäts- und Verarbeitungs-eigenschaften 29
Wirkung 25
Tapezieren
Anleitung 34ff
Decken 36f, 39f
Fenster und Türen 42
Kreative Idee 44f

Menge berechnen 32
Notfalltipps 42f
Vorarbeiten 35
Wände 38ff
Werkzeuge 30f
Teleskopstange 54f, 61
Teppich
Allergikergeeignet 110f, 114
Aufbau 113f
Naturfasern 110
Reinigung 114
Schadstoffe 111
synthetisch 110f, 113f, 116, 118f
Wirkung 109f
Teppich verlegen
Anleitung 120ff
Fixieren 118, 121, 124
Heizungsrohre 121f
Menge berechnen 118f
Notfalltipps 125
Vorarbeiten 120
Werkzeuge 116f
Teppichfliesen 125
Teppichflor 112f, 114
Teppichkleber 118
Terrakotta-Fliesen 72
Textiltapete 27
Thermostat-Ventile 149
Tiefengrund 30, 35f, 78f
Torx 17
Trägernetz 72
Trittschalldämmung 94, 101
Tür
abdichten 166ff
reparieren 130ff
Türbänder 131ff
Türgriff montieren 164f
Türschienen montieren 166ff
Türschloss 128f

U

Übergangsleisten 99, 104
Umleimer 180f

V

Velourstapete 27
Veloursteppich 114
Ventil 138f, 149
Verfugen 77, 80, 82, 85
Verputzen 60ff
Vinyltapete 28, 33
Vliestapete 28
Volltonfarben 53

W

Wachs 147
Wandbeschaffenheit 155
Wandfarben 46ff
Wandfliesen 66ff
Wandputz 60ff
Wandtattoos 28
Wände
Beton 14ff, 77
Gipskarton 14ff, 52, 77
Porenbeton 14ff
Ziegelstein 14ff
Waschbeständig 29, 57
Waschmaschine anschließen 178f
Wasserhahn
anschließen 178f
reparieren 136ff
Wasserleitungen 178f
Wasserstopp-Ventil 178f
Watte 145
Weichmacher 25, 111
Werkzeugkauf 17ff
Wollteppich 110

Z

Zimmertür reparieren 130ff
Zubehör 17
Zugluft 166ff
Zweigriff-Armatur 138f
Zweikomponenten-Kleber 151

Impressum

Bibliografische Informationen der Deutschen Nationalbibliothek
Die Deutsche Nationalbibliothek verzeichnet diese Publikation in der Deutschen Nationalbibliografie. Detaillierte bibliografische Daten sind im Internet abrufbar: http://d-nb.info/1007776374

Meyer, Anja (2011)
Heimwerker-Königin
Krönen Sie Ihr Zuhause.
Leipzig: Draksal Fachverlag
ISBN 978-3-86243-009-3
1. Auflage 2011

Draksal Fachverlag
Postfach 10 04 51
D-04004 Leipzig
Deutschland
www.draksal-verlag.de

Konzeption & Redaktion
Anja Meyer

Projektleitung
Carina Heinrich

Lektorat
Carina Heinrich, Sonja Bufe

Koordination Fotoproduktion
Anja Meyer

Fotografien
Pavel Strnad

Layout & Gestaltung
Diana Schulz

Lithografie & Satz
Katja Krüger, Stanley Baumgarten

Bildnachweis
Agrob Buchtal (67, 69, 182), Akzo Nobel (84), Alpina Farben (46, 47, 48, 49), Arte Espina (113, 119), A.S. Création (22, 26, 29, 34, 42, 43), Max Bahr (124), Robert Bosch (8, 13, 14, 15, 57), Calo Teppich (109, 111), Deutsche Steinzeug (53, 66, 68, 71, 73, 85), Deutsches Tapeten-Institut (25, 29, 44, 45), DIY Academy (9, 10, 11, 18, 186, 187), djd (12), Farbqualitaet.de (50, 51, 53, 58, 64, 65, 170), Hagebau (56), Hamberger Flooring (89, 92, 93), Henkel (142), Industrieverband Keramische Fliesen + Platten (67, 70, 78), Jasba (73), Knauf Bauprodukte (52, 72), Longlife Teppichboden (120), Emil Lux (62), Meisterwerke Schulte (100, 106), OBI (180), Parador (89, 90, 91, 107), Tapetenagentur (23, 24), Tarkett (88, 89), Teba (160), Ter Hürne (90, 93, 95), Verband europäischer Laminatfußbodenhersteller (94, 95, 98), Vorwerk (108, 109, 110, 111, 112, 114, 115, 125), Wools of New Zealand (115)

Besonderer Dank gilt ...
... der DIY Academy für die Nutzung ihrer Werkstatt
... den Mitgliedsfirmen der DIY Academy für die Bereitstellung von Werkzeugen und Materialien
... dem OBI Markt Köln-Niehl für die Fotoproduktion im Markt
... Mareike Hermann für Fotoaufnahmen in ihrer Wohnung und die tatkräftige Unterstützung

Die Methoden, Tipps, Empfehlungen und Anregungen in diesem Werk stellen die Meinung bzw. Erfahrung der Autorin dar. Sie wurden nach bestem Wissen und Gewissen der Autorin und mit größtmöglicher Sorgfalt erstellt. Bei Verwendung von Materialien oder Werkzeugen sind im Zweifel die Herstelleranleitungen vorrangig. Die Anweisungen in diesem Buch entbinden nicht von der individuellen Umsichts- und Sorgfaltspflicht. Der Leser ist somit weiterhin selbst verantwortlich für sein Tun und Lassen. Bei Unsicherheiten ist die Ausführung der beschriebenen Arbeiten von einem Fachhandwerker vornehmen zu lassen. Die Angaben in diesem Buch erfolgen ohne jegliche Gewährleistung oder Garantie der Autorin, des Verlages oder seiner Beauftragten für Personen-, Sach- und Vermögensschäden. Eine Haftung für eventuelle Nachteile oder Schäden ist ausgeschlossen.

1.–20. Tausend 2011

www.draksal-verlag.de